97

Dir, lieber Erich

zum

„44." Hochzeitstag

Deine Inge.

Mit Liebe geschenkt

Claus Nowak Thüringen

Claus Nowak

Thüringen

888 Kilometer durch das grüne Herz Deutschlands

Fotos und Gestaltung: Wolfgang Bäumer
Herstellung: E. Gundlach, Bielefeld
ISBN: 3-87073-058-7

Titelabbildung zeigt Dom und Severikirche in Erfurt

Vorwort

Thüringen, Land zwischen Sachsen und Bayern, Preußen und Hessen. Ehemals Freistaat, dann Land des Deutschen Reiches, Hauptstadt: Weimar. Zuletzt aufgeteilt in drei Bezirke der DDR – Gera, Erfurt und Suhl. Östliche Grenze: Die Gegenden beiderseits der Saale, von den Talsperren an ihrem Oberlauf bis nach Jena im Norden, bis Naumburg, wenn man großzügig ist. Im Süden zieht sich der Thüringer Wald von der Werra westlich Eisenach bis weit nach Südosten, wo er ohne natürliche Grenze in den Frankenwald übergeht. Auf seinem Kamm verläuft der Rennsteig. Im Norden bilden 172 km West-Ost-Lauf der Unstrut vom Eichsfeld bis Naumburg einen gewissen Abschluß des Thüringer Beckens.

Wer einen Blick auf die Karte wirft, mag leicht zufrieden sein – Thüringen hat seine Autobahn, vom ehemaligen Grenzübergang Herleshausen-Wartha bis zum Hermsdorfer Kreuz im Osten sind es gerade 128 km und längs dieser bequemen Strecke findet man schnell, was gemeinhin mit Rang und Namen verbunden ist. Eisenach und die Wartburg, die Dom-, Blumen- und Lutherstadt Erfurt und in Weimar alles, was mit deutscher Klassik zu tun hat. In Jena schaut man sich noch etwas um, bei Carl Zeiss und Schott vielleicht, fährt schnell auf die Kahlaer Leuchtenburg hinauf – so läßt sich die Tour beschließen.

Wo schlägt das Herz Thüringens? In Weimar, der vielfachen Impulse wegen, die von hier aus nicht nur deutschen Geist und deutsche Wertvorstellungen prägten? Nicht allein an Klassik und Dichterfürsten ist dabei zu denken; im Theater der Stadt gaben 1919 die Abgeordneten der Nationalversammlung dem Reich eine neue Verfassung – Deutschland wurde Republik.

Schlägt es auf der Wartburg, in Elisabeths Kemenate oder in der Vogtei, wo sich Luther verbarg und das Neue Testament übersetzte? Oder schlägt es unauffälliger und doch allgegenwärtig – noch! – in der Weite der dunklen Wälder und lichten Bergwiesen, die ihre von Menschenwerk freilich arg gebeutelte und geschundene Existenz bis heute bewahren konnten? Wer sich ein eigenes Bild verschaffen will, muß Thüringen besuchen und selbst sehen, wie die Menschen dort mit sich und ihrer Vergangenheit, mit dem Erbe der Geschichte und der Gegenwart zurechtkommen. Tief verwurzelte Traditionen und der Wunsch, mit Land, Landschaft und Natur so umzugehen, daß sie dem Menschen als freundliche Heimat und sichere Behausung erhalten bleiben, begegnen Zwängen und Herausforderungen der Zeit in vielfach kaum zu lösendem Widerspruch.

Neugier und Schaulust und nicht zuletzt die eigenen Neigungen und Interessen werden die Entscheidung des Besuchers bestimmen, wieviel Zeit er für seinen Thüringen-Trip aufbringen will. Drei Tage, acht oder vierzehn? Auf jeden Fall wird er möglichst viel sehen wollen. Das ist dann auch eine Frage der zu wählenden Route, und das Konzept eines Rundkurses bietet sich so von allein an. Aber natürlich läßt sich Thüringen so nicht vollständig erschließen. Dopplungen, Schleifen und jähe Wendungen scheinen vorhersehbar und unvermeidlich. Wir wollen es dennoch versuchen. Manches wird auf der Strecke bleiben, doch dies läßt sich an- und vormerken und bleibt späteren Besuchen vorbehalten.

Zusammengenommen sind es, Abstecher nicht gerechnet, 888 km. Die Schnapszahl ist ein Werk des Zufalls, aber vielleicht kein schlechtes Omen. Natürlich muß man die Tour nicht abfahren und schon gar nicht der Reihe nach – man steigt ein, wo man Lust hat und wie es eigene Planung, die Jahreszeit, das Wetter und das gewählte Verkehrsmittel nahelegen. Zur langen Nordschleife noch ein Wort: Sie einzufädeln war verlockend, einerseits der reizvollen und wenig bekannten Unstrut-Landschaft wegen und der bedeutenden Burgen in ihrem Umkreis. Andererseits gewinnt man so den Startpunkt für die Erschließung des Saaletals, und der sollte mit Blick aufs ganze Thüringen und seine Geschichte eben in Naumburg beginnen.

Zwischen Werra, Unstrut und Saale
888 km durch Thüringen

Eisenach und die Wartburg – 39 km –

Eisenach – Geburtsstadt Johann Sebastian Bachs, des womöglich größten Komponisten aller Zeiten, und des Sozialreformers und Physikers Ernst Abbe, der den Weltruhm der Zeiss-Werke begründete. Schulstadt des aufsässigen Martin Luther, später Wahlheimat des gejagten und gefürchteten Fritz Reuter. Eine Geniestadt? Oder als Ort des historischen Parteitages von 1869 die Stadt der deutschen Sozialdemokratie? Oder des einst so erfolgreichen Dixi der Bayerischen Motorenwerke? Zuletzt geriet die Stadt durch Deutschlands Teilung in die besonders triste Randzone der DDR.

Eisenach – die Wartburgstadt, Deutschlands schwarzrotgoldene Stadt. Auf der Burg, einst Zentrum ritterlicher Minne und glanzvoller Poesie, übersetzte Luther die Bibel, forderten die Burschenschaften ein einiges Vaterland in Freiheit.

Die Stadt war immer eines der großen Einfallstore in den Thüringer Wald und ist es bis heute geblieben. Hier wollen wir unsere Tour beginnen. Gerade 860 m Luftlinie trennen die Hospitalkirche St. Annen im Westen von Nikolaikirche und -tor im Osten. Ziemlich genau in der Mitte dieser Achse, wenige Meter südlich davon, befindet sich der Markt; von ihm sind es nach Südosten nur 450 m bis zum Frauenplan, wo Bachs Geburtshaus steht. Klein und überschaubar ist das schiefe Dreieck.
Sich in Eisenach umzusehen bedeutet, es per pedes zu tun. Vorweg ein paar Worte zur Geschichte.

Ludwig der Springer soll im Jahre 1067 das hart an hersfeldische und fuldaische Besitztümer stoßende Terrain auf dem 410 m hohen Wartberg, rund 2 km südlich der Hörsel, in Besitz genommen haben. Um beeiden zu können, daß er „auf Eigen" stehe, ließ er Erde von der Friedrichrodaer Schauenburg in Körben herbeischaffen – so weiß es die Sage. Vermutlich im Zusammenhang mit dem Bau der Burg erfolgte auch Eisenachs Gründung; um 1150 wird es als Isinacha urkundlich genannt.

1498 bis 1501 besuchte Martin Luther die Pfarrschule St. Georg, um die Universitätsreife zu erlangen. Bei der Landesteilung 1485 kam Eisenach an die Ernestiner; vom 3. auf den 4. Mai 1521 inszenierte der Kurfürst Friedrich der Weise im Liebensteiner Luthergrund den „Überfall" auf den vom Wormser Reichstag zurückkehrenden Luther. Am Tag darauf kam der Reformator auf der Wartburg an; hier schuf er die „September-Bibel", die sich als wirksamster Impuls zur Herausbildung des Frühneuhochdeutschen erwies.

1685 wurde Johann Sebastian Bach als siebentes Kind des Stadtpfeifers und Hofmusikers J. Ambrosius Bach in Eisenach geboren. Im Oktober 1817 stand die Stadt im Banne des Wartburg-Festes der Burschenschaft. 1840 wurde Ernst Abbe in Eisenach geboren, 1863 kam Fritz Reuter in die Stadt, um hier seinen Lebensabend zu verbringen. Am 7. August 1869 trat im Gasthof „Goldener Löwe" unter Vorsitz von Bebel, Bracke und Liebknecht der Allgemeine Deutsche Sozialdemokratische Arbeiterkongreß zusammen. Tags darauf wurde im Gasthof „Zum Mohren" weiter getagt; der 9. August 1869 gilt als Gründungsdatum der Sozialdemokratischen Arbeiterpartei.

1896 entstand am Hörselufer die nach Benz und Daimler drittälteste deutsche Kraftfahrzeugfabrik. In den zwanziger Jahren wurde hier das Dixi-Modell gefertigt, nach 1945 stellten die Eisenacher Automobilwerke den Zweitakter „Wartburg" her und wurden zweitgrößer PKW-Produzent der DDR.

Eisenachs Sehenswürdigkeiten

Das spätbarocke *Residenzschloß* wurde 1742 – 1751 von Gottfried Heinrich Krohne errichtet. Schöpfungen des tüchtigen herzoglich-weimarischen Oberbaudirektors werden wir noch des öfteren in Thüringen begegnen (siehe u. a. Weimar, Dornburger Schlösser und Heidecksburg in Rudolstadt). Krohne war Architekt, Künstler und Techniker zugleich, er mag Balthasar Neumann in mancherlei Hinsicht wenig nachgestanden haben, allerdings: seine Bauherren verfügten nicht annähernd über die Mittel der Würzburger Fürstbischöfe. Drei Portale schmücken die Vorderfront, der Festsaal mit reicher Rokoko-Dekoration und Deckengemälden von Daysinger – Triumph der Galathea, Fürstenbildnisse – dient heute repräsentativen Zwecken, der linke Flügel des Schlosses ist dem Thüringer Museum vorbehalten. Gezeigt werden einige sehr schöne kunsthandwerkliche und volkskundliche Sammlungen; die Porzallanschau mit rund 1800 Stücken thüringischer Manufakturen aus dem 18. Jh. bis zur Gegenwart ist eine der umfangreichsten auf ehemaligem DDR-Gebiet. Auch Gläser, Malerei und Graphik – u. a. Klinger, Kaulbach, Spitzweg, Defregger – der letzten drei Jahrhunderte sowie eine Laboranten-Apotheke aus dem 18. Jahrhundert werden vorgestellt.
Das *Rathaus* ist ebenfalls ein dreigeschossiger Bau, im Kern noch spätgotisch von 1508, beim Umbau 1564 kamen Renaissance-Formen zur Geltung. Nach dem großen Brand von

Eingang zum Rathaus Eisenach

1636 wurde es wieder aufgebaut, im letzten Krieg erneut beschädigt und restauriert. Der stämmige Treppenturm mit geschweifter Haube und Laterne ist von 1638.

Die Gründung der *Pfarrkirche St. Georg* erfolgte schon um 1180. Die heutige dreischiffige Hallenkirche mit Rundsäulen ist spätgotisch im Kern, erhielt aber ihre Gestalt vor allem bei den Umbauten 1560/61. Der Turm im Nordwesten ist von 1902. Bemerkenswert sind die zahlreichen Wandepitaphe, Grabsteine und die Bronzegrabplatte des Eberhard v. d. Tann 1543. Vor dem Westportal der Kirche befindet sich der *Marktbrunnen* von 1549, wieder einmal kämpft St. Georg erfolgreich mit dem Drachen.

Den südlichen Abschluß des Marktes bildet des *Residenzhaus* hinter der Kirche. Der spätgotische Westflügel

Lutherhaus Eisenach

stammt vermutlich aus den ersten Jahren des 16. Jh., der Nordflügel mit Renaissanceportal ist von 1599. Die beiden massiven Untergeschosse haben Vorhangbogenfenster, der hohe Giebel ist als Fachwerk ausgeführt. – Im südöstlichen Zipfel des Marktgevierts steht am Lutherplatz das ehemals *Cottache Haus*, ursprünglich vom Ende des 15. Jh. Es wurde 1944 zerstört, später wieder aufgebaut und ist heute als *„Lutherhaus"* museale Stätte. Ob der Lateinschüler tatsächlich in den beiden Stuben des Obergeschosses gewohnt hat, ist nicht belegt. Im Hause befinden sich reformationsgeschichtliche Sammlungen mit Bibeldrucken, Illustrationen, Flugblättern und Programmschriften aus der Zeit des großen Umbruchs.

Von der *Georgskirche* sind es nach Westen nur wenige Schritte bis zur *Predigerkirche*, die ehemals zu einem Dominikanerkloster gehörte. Der einst frühgotische Bau, bereits 1240 geweiht, wurde 1902 umgebaut, besondere Freude bereitet der heutige Anblick nicht. Vorbeizuschauen lohnt jedoch unbedingt wegen der Sammlung mittelalterlicher Schnitzplastik aus Thüringen, die in der Museumskirche gezeigt wird. Zu den rund 270 Stücken gehören Flügelaltäre, Kruzifixe, Vesperbilder, Gruppenskulpturen und Einzelfiguren. Auch eine Schausammlung „Ur- und Frühgeschichte des Eisenacher Kreises" ist in der Kirche untergebracht.

Vom Markt kommt man über die Georgenstraße zur *Hospitalkirche St. Annen*. Mit ihr ist ein Stück uralter Landesgeschichte verknüpft, die Eisenachs und der Wartburg Namen in ganz Europa bekannt machten. Unter der Regentschaft Ludwigs IV. 1217 – 1227 begann dessen Gattin Elisabeth, Tochter des ungarischen Königs Andreas II., auf der Wartburg mit hingebungsvoller, von Franz von Assisi inspirierter Kranken- und Armenpflege. Der wenig standesgemäße karitative Eifer soll nach Ludwigs Tod, er starb 1227 in Otranto, zur Vertreibung Elisabeths und ihrer Kinder geführt haben, sie starb am 19. November 1231 in Marburg. Papst Gregor IX. sprach sie vier Jahre später heilig. Tatsache ist, daß das kleine Siechenhospital, das Elisabeth unterhalb der Wartburg geschaffen hatte, als Armenhospital nach Eisenach verlegt wurde, 1634 – 39 erlebte es seine erste Erweiterung. In diesen Zeitraum fällt auch die Erneuerung der schlichten Hospitalkirche, deren Kern in die Spätgotik zurückweist.

Östlich vom Markt befindet sich die *Nikolaikirche*, Gotteshaus eines ehemaligen Benediktiner-Nonnenklosters. Der ausgewogene Bau der dreischiffigen Basilika gehört der Romanik an und ist wohl den letzten Jahrzehnten des 12. Jh. zuzurechnen. Die Kirche und das südlich an sie anschließende spätromanische Nikolaitor bilden ein ansehnliches Ensemble; der wuchtige, hohe Torturm ist einer der letzten Reste der Stadtbefestigung. – Auf dem Platz steht das Luther-Denkmal A. von Donndorfs aus dem Jahre 1895.

Über die Lutherstraße kommt man vom Markt zum Frauenplan und zum *Bachhaus.* Die Neue Bachgesellschaft erwarb das Haus 1906, um es als Stätte der Bach-Verehrung und des Bach-Studiums einzurichten. Das Haus selbst stammt aus dem 17. Jh., die zeitgenössisch eingerichteten Räume zeigen, wie bürgerliche Familien zu Bachs Zeiten lebten und wohnten. Außer Bildern, Dokumenten und Gegenständen, die an das Werk des großen Musikers erinnern, beherbergt das Bachhaus auch eine bedeutende Instrumentensammlung.

Hinter dem Frauenplan verläuft der Frauenberg in südlicher Richtung, wo er bald auf die Wartburg-Allee stößt. Dort findet man den *„Goldenen Löwen“*, Gedenkstätte für den Eisenacher Parteitag 1869. In der Wartburg-Allee befindet sich auch der *Automobil-Ausstellungssalon.* Informiert wird über die Geschichte des Eisenacher Automobilbaus. Dreizehn funktionsfähige Eisenacher Modelle, darunter die beiden ältesten, der Wartburg-Motorwagen von 1898 und der Dixi U 34 von 1907, sind zu sehen.
Bleibt, vor allem für die Musenfreunde, das ein wenig abseits von der Wartburg-Allee im Reuterweg gelegene *Fritz-Reuter- und Richard-Wagner-Museum.* Es befindet sich in der im italienischen Neorenaissance-Stil für Fritz Reuter erbauten Villa, in der der große niederdeutsche Erzähler des 19. Jh. seinen Lebensabend verbrachte. Die umfangreiche Wagner-Sammlung kam 1895 durch Kauf von Wien nach Eisenach, die 6000 Bände umfassende Bibliothek ist nächst der Bayreuther die bedeutendste ihrer Art.

Eine Radtour rund um Eisenach

Selbstverständlich müssen Sie sich dies nicht alles anschauen, ebenso wenig wie die Ratsapotheke oder das Kreuzmacherhaus oder die Bürgerhäuser in der Goldschmiedenstraße, auf dem Jakobsplan und, und, und . . .
Vielleicht lockt vor den Mauern der Stadt ein strahlender Sonnentag? Deshalb: fahren wir hinaus, zum Beispiel in die Hörselberge und wenn es geht, nicht gerade an einem Wochenende.

Es ist eine 30 km-Schleife, zur Lokkerung gerade richtig, Sie werden sie nicht bereuen. Das einzige Problem ist, die überforderte Fernverkehrsstraße Nr. 7 zu vermeiden.
Unser Vorschlag:
Vom Busbahnhof am Stadtpark nach Rothenhof. Weiter über Eichrodt bis Wutha = 5,5 km. Hier vorm Bahnhof links abbiegen, hinüber auf die andere Seite der Hörsel fahren, da stößt man auf die Straße nach Kahlenberg. An der Hörsel entlang rollt es gut bis Sättelstädt, es sind knappe neun km. An der Kirche kommt man an, biegt links ab, unterquert die Autobahn und folgt dem Pirschweg hinauf zum Hörselberghaus. Da gibt es Wurst und Bier, Kuchen und Kaffee; man wundert sich über die gute Luft in knapp 500 m Höhe und womöglich noch mehr über die südlich-steppenartige Landschaft. Der Blick über Auto- und

Bachhaus Eisenach

Im Garten des Bachhauses

Eisenbahn hinweg auf den Thüringer Wald hat seinen eigenen Reiz, das Panorama vermittelt einen Hauch von großartiger Ferne und vertrauter Idylle zugleich. Fünf Minuten vom Gasthaus entfernt warten das Jesusbrünnlein und die Venushöhle auf Ihren Besuch, keine schlechte Einstimmung auf die Wartburg, auf Tannhäuser und den Sängerkrieg.

Aus der Schlucht mit dem Jesusbrünnlein führt der Zapfengrund hinunter zur Hörsel und wieder auf die Kahlenberger Straße. Falls es spät geworden ist, seien Sie wachsam: nicht nur Frau Holle alias Venus ist in den Märchenschluchten der Hörselberge zu Hause. Auch der Teufel treibt seine häufig lottrigen Spielchen, in der Galerie der Muschelkalkfelsen am Kleinen Hörselberg soll er ein Schlupfloch gepachtet haben.

Wir gehen davon aus, daß Sie unbehelligt wieder nach Eisenach zurückfinden und nunmehr gewappnet sind, auch die Wartburg zu überstehen. Entweder fährt man von der barocken Kreuzkirche, einem sehr frühen protestantischen Zentralbau in Form des griechischen Kreuzes aus den Jahren 1692 – 1697, über den Schloßberg direkt hinauf, oder man folgt der Wartburg-Allee, die sich durchs Helltal schlängelt und sich nördlich der Burg mit dem Schloßbergweg vereinigt. Wählen Sie die Allee-Variante und schauen Sie unterwegs, etwa auf halbem Wege, in den Kartausgarten der längst vergessenen Eisenacher Kartäusermönche. Großformatige, in Frankreich handgedruckte Tapetenbilder des 19. Jh. schmücken die Wände des Teezimmers im reizenden Gärtnerhäuschen. Selten sollen sie sein, besonders kostbar auch – schön sind sie auf jeden Fall.

Die Wartburg

Seit dem Mittelalter nimmt sie unter den deutschen Burgen eine kaum bestrittene, vielfach auch ungerechtfertigt überhöhte Sonderstellung ein. Neun vergangene Jahrhunderte haben sie zu einem Kleinod werden lassen, dessen tiefe Verwurzelung in deutscher Geschichte und Kultur immer wieder als Zeugnis aufgerufen, als Mahnung beschworen, als sinngebendes Signal zitiert wurde. So gilt sie als Burg der deutschen Nation, als eine Stätte besonderer Geistestaten und demokratischer Traditionen. Schauen wir also und vernehmen wir die Botschaft!

Die sagenhafte Gründung erwähnten wir schon; immerhin nennt der Chronist Bruno von Magdeburg in seinem 1082 verfaßten Buch vom Sachsenkrieg die Wartburg bereits. Die weiträumige, um zwei Höfe gruppierte Anlage stammt nicht nur aus den verschiedensten Bauzeiten, sie wurde auch durch zwei bedeutende, langdauernde Restaurierungsphasen wesentlich geprägt. Als Nachwirkung der Romantik und der Befreiungskriege regte sich seit Schinkel der Gedanke, Nationaldenkmale zu errichten. Die Symbolisierung bürgerlichen Drängens zum Nationalstaat und fürstlich-dynastische Selbstdarstellung setzten die Vorzeichen der 1838 begonnenen Restaurierung und Neugestaltung großen Stils, die bis 1889 andauerte. Die zweite Phase währte von 1952 bis 1983, in ihr erfolgte auch eine weitgehende museale Erschließung der Burg und ihrer Sammlungen.

Ältester und wertvollster Teil ist der spätromanische Palas (Hauptgebäude) im Südosten; seine beiden unteren Geschosse wurden nach 1170 begonnen, etwa um 1220 vollendet. Das dritte

Wartburg

Geschoß wurde um 1250 aufgesetzt. Das Erdgeschoß enthält zwei gewölbte Räume – den Rittersaal und die Elisabeth-Kemenate – sowie den Speisesaal mit hölzerner Flachdecke; hier fallen die Adlerkapitelle besonders ins Auge. Im zweiten Geschoß befinden sich das Landgrafenzimmer und der Sängersaal, beide wurden im 19. Jh. stark verändert, sowie die um 1320 eingebaute Kapelle mit Wandgemälden aus der gleichen Zeit. Die reiche Ausstattung des Festsaals im dritten Geschoß stammt aus dem Jahre 1867; den Freskenzyklus in Landgrafen-

zimmer, Sängersaal und Galerie, gewidmet Themen der Wartburggeschichte, des Sängerkrieges und der Elisabeth-Legende, schuf Moritz von Schwindt 1854/55.

Zu den übrigen Bauten der Burg sei vermerkt: Das Torhaus, das noch allerältestes Mauerwerk enthält, stammt aus dem 12. und 15. Jh., wurde aber im 19. Jh. verändert. In dieser Zeit wurden auch Ritterhaus und Vogtei umgebaut. In der Vogtei befinden sich die Lutherstuben; gegenüber an der Südostseite der Erker vom Harsdörferschen Hause in Nürnberg, er wurde 1872 eingebaut. Die beiden Wehrgänge im Osten und Westen – Elisabethen- und Margarethengang – sind noch spätgotisch aus der Zeit nach 1450. Den Übergang in den zweiten Burghof und den Anschluß an den Palas stellen die neue Kemenate (1853–1860), der *Bergfried* aus gleicher Zeit und das Treppenhaus (1953–1954) her.

Das neuromanische sog. Ritterbad diente lange als Gästehaus und ist heute eine Gaststätte, die in aller Unschuld ihr Scherflein dazu beiträgt, daß sich jeder Wartburg-Trip bei auch nur einigermaßen erträglichem Wetter regel-

Wartburg

mäßig zu einer mittleren Katastrophe entwickelt. Die Scharen der Besucher, die in der Saison – und Saison ist praktisch immer – den Gedanken an eine Neuauflage der Völkerwanderung entstehen lassen, verlangen nicht ohne Erbitterung nach Speise und Trank, weil auch bedeutendste Kunst allein nicht satt macht und Durst nur mit Geduld sich nicht befriedigend stillen läßt. Falls es Ihnen gelingt, einen Platz zu bekommen, werden Sie feststellen, daß sich das Personal redlich müht – allein, auf einen Stuhl kommen in der Regel fünf oder sechs erschöpfte und entnervte Interessenten.

Die erste große Epoche der Wartburggeschichte fällt in die Blütezeit der deutschen Kunst des Hochmittelalters. Walther von der Vogelweide, Wolfram von Eschenbach, Heinrich von Veldeke und Heinrich von Ofterdingen waren Gäste der Wartburg, das Äneas-Epos und der Parzival sind mit ihrem Namen verbunden. Vor allem die Aufenthalte Walthers und Wolframs auf der Burg legten den Grundstein für ihren späteren Ruhm.
Martin Luther leistete mit seiner Arbeit einen entscheidenden Schritt zur Herausbildung der deutschen Nationalsprache. Die Überwindung der Sprachgrenzen war Voraussetzung der bürgerlichen Entwicklung in Richtung auf die politische und ökonomische Einheit des Vaterlandes, die freilich noch dauerte. Als Junker Jörg logierte der kurfürstliche Schutzhäftling in der Vogtei, die zuvor als Kavaliersgefängnis für Bessergestellte gedient hatte. Goethe weilte 1777 zum ersten Mal auf der Wartburg, lyrischer Natur war sein Erlebnis: „Wenn ich Ihnen nur diesen Blick hinübersegnen könnte, in dem grausen linden Dämmer des Mondes die tiefen Gründe, Wiesgen, Büsche, Wälder und Waldblößen, die Felsenabgänge davor, und hinten die Wände, und wie der Schatten des Schloßberges und Schlosses unten alles finster hält und drüben an den sachten Wänden sich noch anfasst, wie die nackten Felsspitzen im Monde röten und die lieblichen Auen und Täler ferner hinunter, und das weite Thüringen hinterwärts im Dämmer sich dem Himmel mischt . . .“ (aus einem Brief an Charlotte von Stein).

Am 18. Oktober 1817 zogen an die 500 vaterländisch gesinnte Studenten und eine Reihe berühmter Professoren durch das Tor der Burg. Anläßlich des 300. Reformationsfestes und des vierten Jahrestages der Leipziger Völkerschlacht protestierten sie gegen die deutschen Zustände und die Zerrissenheit des Vaterlandes.

„Überall wo die Deutsche Zunge redet, sehnt man sich nach einem neuen

Vartburg – Im Hof

Frühling am Hautsee – Nähe Eisenach

Rathaus Eisenach

Eisenach: Vor der Georgenkirche

öhliche Kutschfahrt

Gotha: Im Schloß Friedenstein

Deutschen Reiche. Darum wollen wir... für Volk und Vaterland keinen Gedanken zu hoch halten, keine Arbeit zu langsam und mühevoll, keine Unternehmung zu kleinlich, keine That zu gewagt und kein Opfer zu groß..." hatte Friedrich Ludwig Jahn am 24. Juli 1814 ins Gästebuch der Burg geschrieben. Im Festsaale des Palas gelobten die Burschenschaftler für die künftige Einheit zu leben, zum ersten Mal erschienen die Farben Schwarz-Rot-Gold als Symbol deutscher Volkseinheit. In die Flammen des Siegesfeuers, das am Abend auf dem Berge angezündet wurde, gerieten die Schriften von Kotzebue, Haller und anderen; dazu ein kurhessischer Militärzopf, ein preußischer Ulanenschnürleib und ein österreichischer Korporalstock.

1842 sah Richard Wagner die Burg, unter dem Eindruck des Thüringer Sagenkreises entstand die Oper „Tannhäuser oder der Sängerkrieg auf der Wartburg".

Bleibt zum Schluß der Blick ins nahe Land – 3 km südlich der Burg verläuft der *Rennsteig* von Nordwest nach Südost in einer Höhe um die 400 m, zunächst noch zögernd ansteigend. Er kommt von seinem Anfangs- oder Endpunkt im Orte Hörschel, 8 km nordwestlich Eisenachs im Werratal gelegen, dicht oberhalb der Einmündung der Hörsel. Nach 168,3 km Lauf über den Kamm des Thüringer Waldes, später auf den Höhen des nördlichen Frankenwaldes endet oder beginnt er in Blankenstein an der Oberen Saale. Auf späteren Abschnitten unserer Tour (siehe dort!) werden wir die attraktivsten und höchsten, aber eben auch meistbesuchten Kilometer des Rennsteigs kennenlernen, dort wird auch mehr zu seiner Rolle in Vergangenheit und Gegenwart mitgeteilt.

Wartburg-Fenster

Hier bei Eisenach ist der Rennsteig Südwestgrenze eines Naturschutzgebietes, das die Wartburg mit einschließt und an der beliebten Gaststätte Hohe Sonne endet. Ein enges Netz kleiner Fließgewässer, die Knöpfelsteiche, das Marien- und das Annatal gehören zu einer Schichtstufenlandschaft im Kleinen, die wegen ihrer vielgestaltigen Flora und Fauna zu einem internationalen Exkursionsobjekt wurde. Vielbesuchte Attraktion des Schutzgebietes ist die Drachenschlucht, die über einen künstlichen Knüppeldamm begangen werden kann. Stellenweise ist sie gerade einen halben Meter breit, man meint, vom Fels erdrückt zu werden.

Bevor wir von Eisenach aus unsere Fahrt beginnen, sei auf das rund 13 km entfernte Creuzburg im Werratal verwiesen. Das Städtchen und seine Umgebung sind immer gut für einen Halbtags-Abstecher.

Von Eisenach über den Großen Inselsberg zu den Drei Gleichen und weiter nach Gotha

– 79,5 km –

Ostwärts soll es gehen, Gotha heißt das Ziel, die alte Residenz- und Theaterstadt, das Mekka der Kartographen. Unsere Route plant die erste, wenn auch vorübergehende Bekanntschaft mit dem Rennsteig ein; die ersten heroischen Höhenkilometer sind zu absolvieren. Der Große Inselsberg (916 m), nordwestlicher Eckpfeiler des Thüringer Waldes, liegt an der Strecke.

Die wichtigsten Stationen sind: Eisenach, 0,0 km – Ruhla, 14,0 km – Großer Inselsberg, 23,0 km – Friedrichroda, 31,5 km – Ohrdruf, 46,0 km – Mühlberg, 54,0 km – hier schließt sich die Drei Gleichen-Burgenrunde an – Gotha, 79,5 km

Wir verlassen Eisenach vom Nikolaiviertel aus, über den Ortsteil Rothenhof geht es zunächst immer durch den Wald 6,0 km bis nach Mosbach. Hier zweigt wenige Meter südlich der Kirche von der Wuthaer Straße ein Fahrweg ab, ihm folgt man und erreicht nach 3,0 km in Farnroda die Straße Nr. 88. Bis Thal bleibt man auf ihr, etwa in Ortsmitte biegt man halbrechts ab und folgt der Landstraße, die im Bogen um den Breitenberg (698 m) herum nach Ruhla führt.

Ruhla

Mehr als drei Kilometer lang ist das Städtchen, eingebettet in das enge, von bewaldeten Bergen eingeschlossene Tal des Erbstrombaches. Ruhla ist mit dem „kleinen Eisen“ groß geworden; die Rolle des Eisengewerbes ist schon belegt in der Sage vom „Schmied von Ruhla“. Sie nimmt Bezug auf den Terror des ständig fehdeführenden Adels in der Zeit der ludowingischen Landgrafen. Geraubt wurde und geplündert, der kleine Mann war seines Lebens nicht mehr sicher. Da platzte dem Ruhlaer Schmied der Kragen und er verlangte: „Landgraf werde hart“! Die Forderung galt Ludwig II., dem Eisernen, einem Enkel des Springers. Der Sage nach soll er auf die Mahnung des Schmiedes reagiert haben und den Gewalttätigkeiten seiner verlotterten Edelleute fortan energisch entgegengetreten sein.

Aus der Krise der Ruhlaer Kleineisenschmiede gingen Mitte des 18. Jh. die Pfeifenkopfproduktion und ein örtliches Gewerbe für Metallteile, Etuis und schließlich die Feinmechanik hervor. Schließlich entwickelte sich daraus die Uhrenherstellung großen Stils. 1967 ging das Ruhlaer Uhren- und Maschinenbaukombinat zur automatischen Fertigung einfacher Modelle über. In der Oberen Lindenstraße 29/31 steht eines der schönsten Bürgerhäuser der Stadt, ein stattlicher Fachwerkbau aus den ersten Jahren des 17. Jh. In ihm befindet sich das Heimatmuseum, seine Exponate vermitteln einen interessanten Einblick in die Geschichte des Ruhlaer Handwerks. Zu sehen sind eine Messerschmiede des 19. Jh., dazu Wohn- und Arbeitsstube eines Messerbeschalers und die Werkstatt eines Pfeifenmachers mit einer Schausammlung von Meerschaum-, Holz-, Ton- und Porzellanpfeifen. Natürlich werden Ruhlaer Uhren gezeigt, die Ortsgeschichte und die Geologie der Umgebung werden vorgestellt;

Museum Ruhla

Möbel und Trachten, eine Küche und eine Schlafstube des 18. Jh. runden das Angebot des besuchenswerten Museums ab.

Für die Freunde sakraler Baukunst sei die merkwürdige Concordiakirche erwähnt. Bereits die Winkelhakenform des frühbarocken Baus von 1660/61 gibt Anlaß zur Verwunderung. Es war halt so, daß der Westflügel, Neue Kirche genannt, eine Männerkirche war; der Südflügel, die Alte Kirche, blieb den Frauen vorbehalten. Beide Schiffe treffen im rechten Winkel beim schräggestellten Altar aufeinander. – Am Südzipfel Ruhlas ist ein Naherholungszentrum entstanden, es heißt „Alte Ruhl"; Gaststätte, Sommerbad und ein Campingplatz befinden sich da.

Hier verlassen wir den Ort; auf der Straße, die nach Bad Liebenstein führt, erreichen wir nach knappen drei Kilometern den Rennsteig in einer Höhe von 640 m. Wir biegen links ab, bleiben auf dem Rennsteig, nach wenigen Metern zweigt an der Schillerbuche links die Straße nach Winterstein (und weiter nach Waltershausen) ab. Einen knappen Kilometer weiter trennen sich unterhalb des Gerbersteins (729 m) der Rennsteig und die Straße nach Brotterode, die folgenden 6,0 km bis zum Gipfel des Inselsberges ist der Rennsteig unser Pfad. Ein hindernisreicher Anstieg erwartet uns, der Höhengewinn wird beinahe 250 m betragen.

Großer Inselsberg

Wer nicht auf einem Mountainbike fährt, hat die Wahl, entweder einen erklecklichen Anteil der Srecke zu schieben oder sich einsichtig gleich für den Umweg über Brotterode zu entscheiden. Von da aus ist der schönste Berg Thüringens auch auf der Straße zu erreichen. Denn nicht allein die Steigung macht den Endspurt zur Strapaze; der Weg bietet alles, was man

Auf dem Rennsteig

Ohratalsperre

sich nicht unbedingt wünscht: querspringende Wurzeln, lose Steinplatten, Geröll, schlüpfrige Mulden. Überhaupt ist weder an Wasser noch höchst plötzlichen, wenngleich kurzen Miniabfahrten Mangel; auf seine Bremsen sollte man sich jedenfalls verlassen können. In Sicht der Waldschenke auf dem Großen Weißenberg (740 m) glaubt man instinktiv, das Übelste hinter sich zu haben, allein dies täuscht, schon die Höhenangabe verrät es. Vielleicht stärkt man sich bei Tee oder Kaffee oder kommt wenigstens vor dem Gedenkstein für Viktor von Scheffel zu Atem. Das letzte Stück verlangt, 1:1 zu schalten, sonst tut sich nichts. Wem der Ehrgeiz dennoch Muße für einen Blick ins Land läßt – vom Beerbergstein aus sollte er ihn tun. Runde 400 m schaut man hinunter in den Fuchshüttengrund, auch „Inselsberger Loch“ genannt.

Mit seinen 916 m Höhe ist der Inselsberg die dominierende Erhebung im nordwestlichen Thüringer Wald. Entsprechend weit reicht die Sicht; nach Südwesten über den weiten Talkessel von Brotterode und über Bad Liebenstein hinweg ins Werratal zwischen Breitungen und Bad Salzungen; nach Süden über die nahegelegene Hohe Scharte (813 m) hinweg zum Dolmar (739 m) nordwestlich von Meiningen. In südöstlicher Richtung zieht der Kamm des Thüringer Waldes in weite, blaue Ferne, am Horizont abgeschlossen durch die Gipfelflur der Beinahe-Tausender hinter Oberhof: Schneekopf (978 m) und Großer Beerberg (982 m).
Nach Norden senkt sich das Land schnell, lediglich der Höhenzug der Hörselberge hebt sich aus der scheinbaren Ebene heraus; im Nordosten grüßen Erfurts und Gothas Türme aus

Fernsehturm Inselsberg

dem Thüringer Becken herauf.

Für gastronomische Betreuung auf dem Gipfel ist gesorgt; sie fällt, was sich gut trifft, um so günstiger aus, je schlechter das Wetter ist. Das hat wenig mit der Qualität der Küche, dafür um so mehr mit der Zahl der Besucher zu tun. In der Sommersaison und bei schönem Wetter möchte man den Berg am liebsten meiden; dies gilt auch für die weiße Jahreszeit, Brotterode ist ausgebautes und beliebtes Wintersportzentrum und wie Oberhof Tummelplatz der Loipenfans. Zwei Gaststätten befinden sich auf dem Berg: die Stör KG Großer Inselsberg und Stadt Gotha. Der Rennsteig markierte hier einst auch die Grenze kurhessisch-preußischen und gothaischen Territoriums. Man beargwöhnte sich nicht nur, man wetteiferte auch beim Bauen. Das erste Steinhaus, es stammt aus dem Jahre 1649, errichtete Herzog Ernst II. von Sachsen-Gotha; die andere Seite zog aber nach. Übriggeblieben sind bis heute zwei Gaststätten. Der Konkurrenz sei dank!

Seit 1882 existiert die meteorologische Station auf dem Berg, ihre Daten sind verläßlich. Mit einer Jahresmitteltemperatur von 4,2 °C hat der Inselsberg den niedrigsten Wert aller Stationen im Gebirge, selbst auf der Schmücke ist es um ein Zehntelgrad wärmer. Auch die mittlere Januartemperatur ist mit −4,1 °C die niedrigste im Thüringer Wald. Am Gipfel gibt es freien Föhn, innerhalb von Minuten wechseln dichter Nebel und eine Fernsicht von mehr als 80 km.
Die Höhe gebietet, auf Wetterkapriolen vorbereitet zu sein; auch im heißen Sommer sollten Windjacke und ein leichter Pullover griffbereit im Gepäck stecken.

Der Inselsberg ist Naturschutzgebiet,

rundt 150 ha werden von der Schutzfläche abgedeckt, die 2 km südlich von Winterstein beginnt und bis kurz vor Brotterode reicht. Als platte Tatsache gilt heute – wen wundert es – daß die größte Gefährdung des Berges durch die jährlich wachsenden Besucherströme selbst verursacht wird. Trittschäden allenthalben, Parkplätze und Wanderwege in großer Zahl hinterlassen die bekannten Folgen.

Wir verlassen den Berg auf der Straße, die in Nordnordost hinunterführt; 4,5 km sind es über Cabarz nach Tabarz. Auf dieser Strecke verliert man 500 m an Höhe; Sand und Steine auf der Straße gesellen sich als Gefahrenmomente zum Gefälle.

Tabarz

Tabarz zählt zu den beliebtesten Reisezielen in Thüringen, hat mehrere schöne Parks, ein Freibad und einen Schlepplift hinauf auf den Berg. Vor allem aber ist Tabarz Endstation der Thüringerwaldbahn, eines echten Kuriosums, das man zumindest gesehen haben muß. Die Bahn ist ein Schmalspurvehikel, Spurweite 1 m; sie beginnt am Hauptbahnhofsvorplatz in Gotha und ist in der Stadt, in der sie siebenmal hält, als Linie 4 ausgeschildert. die wichtigsten Haltepunkte sind:
Gotha Hauptbahnhof 0,0 km – Sundhausen 5,2 km – Boxberg (Pferderennbahn, Gestüt, Café Waldblick) 8,1 km – Leina (Gaststätte Thüringer Aue) 9,9 km – Wahlwinkel 12,3 km – Gleisdreieck (Abzweig Waltershausen) 14,2 km – Bahnhof Reinhardsbrunn (Schloß, siehe später) 17,5 km – Friedrichroda (da kommen wir noch hin) 18,2 km – Tabarz 21,7 km

Rund 70 Minuten dauert die Fahrt über die gesamte Strecke, die unter Nr. 981 im Kursbuch der Reichsbahn geführt wird. Zu ihrer Geschichte nur soviel: 1911 schlossen das Herzogstum Gotha und die AEG einen Vertrag über den Bau eines Überland-Elekrizitätswerkes sowie der Thüringerwaldbahn Gotha-Tabarz. 1914 begannen die Arbeiten – und der Krieg; danach kam bald die Inflation. Erst am 17. Juli 1929 wurde die phänomenale Linie mit 10 Triebwagen, 7 Beiwagen und 3 Gepäckwagen eröffnet. Ein Jahr später wies die penible Fahrkartenregistratur den millionsten Fahrgast aus. Ob von Gotha nach Tabarz oder umgekehrt, die Fahrt ist das blanke Nostalgieerlebnis. Der Linienzug, der genaugenommen eine Straßenbahn ist, verkehrt etwa im Stundenabstand; die Gelegenheit, ihn unterwegs zu verlassen, um Kaffee zu trinken oder Thüringer Klöße zu essen, wird von den Touristen meist weidlich genutzt.

Friedrichroda

Wir müssen auf das Spektakel verzichten, für uns geht es, dicht am Fuße des Gebirges, nach Friedrichroda; es sind 4,0 km. Der bedeutende Ferienort hat viel Grün, ein Schwimmbad am Oberbüchig, ein Bergtheater, eine Bobbahn und eine Vielzahl von Erholungsheimen, Pensionen und Gaststätten, die jedoch in der Saison dem touristischen Ansturm noch nicht gewachsen sind. Der Ort – Höhenlage um die 430 m – liegt sehr verkehrsgünstig und ist schnell und bequem von Gotha, Eisenach oder der Autobahnabfahrt Drei Gleichen zu erreichen.

Die Gründung des Ortes fällt in die erste Rodungsperiode im 11. bis 13. Jh.; von der ludowingischen Schauenburg – gelegen am Südausgang des Ortes, wo der Rennsteigweg beginnt –

Lutherdenkmal in Möhra

Detail Lutherdenkmal

sind nur noch Mauerreste und ein Kreuz erhalten. Das 1085 gegründete Kloster Reinhardsbrunn wurde mit reformierten Benediktinern aus Hirsau besetzt; im 16. Jh. wurde es zerstört und beinahe völlig abgetragen. Heute findet man in Reinhardsbrunn einen großen Landschaftspark mit bemerkenswerten Bäumen, einem gepflegten Gondelteich und einem neugotischen Schloß, das sich die Ernestiner 1827 – 1835 bauen ließen. Die prunkvolle neuromanische Schloßkirche entstand 1857 – 1874. Der Gothaer Buchhändler und Mitbegründer des Börsenvereins des deutschen Buchhandels, Friedrich Christoph Perthes, „entdeckte" 1837 die Kurortqualitäten Friedrichrodas.

Berühmt ist die im Nordwesten des Ortes gelegene Marienglashöhle, in der täglich halbstündige Führungen stattfinden. Auf die zauberhafte Grotte stieß man gegen Ende des 18. Jh. beim Gipsabbau, der 1848 nach entrüsteten Protesten von nahmhaften Besuchern der „wunderbaren Höhle" eingestellt wurde. Mit Recht, wie man feststellen wird, ist man erst vom Geglitzer und Gefunkel der teilweise bis zu 80 cm langen und 8 cm dicken Marienglaskristalle umgeben. Die heute noch sichtbaren, mit Pfeilern abgestützen Weitungen im Herzog-Ernst-Stollen entstanden beim Abbau des Gipses.

Fünf km nördlich Friedrichrodas liegt Waltershausen, für viele in den letzten Jahren zu einem Wallfahrtsort geworden. Auf dem Gut Schnepfenthal baute der Philanthrop und Pädagoge Christian Gotthilf Salzmann eine Erziehungsanstalt frei nach Rousseau auf. Sein bedeutendster Mitarbeiter wurde J. C. GutsMuths, der Mann, der nach antikem Vorbild eine jugendgemäße Körpererziehung anstrebte. Auf dem Waldfriedhof befindet sich seine Grabstätte, hinter dem Gasthaus „Zur Tanne“ der erste deutsche Turnplatz. Mit GutsMuths Namen ist auch der Rennsteiglauf verknüpft, dessen Popularität in den letzten Jahren schon beinahe zur Legende wurde. Mehr als 10000 Läufer nehmen alljährlich im Mai an ihm teil, zwei Strecken – 70 km ab Hohe Sonne und 45 km ab Neuhaus – sind ausgeschrieben. Gemeinsamer Endpunkt ist der Zielgarten in Schmiedefeld, die Atmospäre ist international.

Allen, denen die Kletterei über den Inselsberg für diesen Tag genügte oder die einfach unserer Route nicht folgen möchten, bieten sich zahlreiche Alternativen im Umfeld Friedrichrodas. Als „Stützpunkte“ kommen die Jugendherbergen in Friedrichroda, Waldstraße 25, mit 74 Betten und in Tambach-Dietharz, Oberhofer Straße 3, mit 85 Betten in Frage. Oder Camping auf dem 1200 Personen fassenden Platz am Paulfeldteich, genau 2 km südöstlich der Ortsmitte Finsterbergens; man muß etwas um den Berg herumfahren. Ein Stück weiter entfernt ist der sehr schöne 750 Personen-Platz an der winzigen Lütschetalsperre. Man erreicht sie von Luisental aus auf der Oberhofer Landstraße, fährt 4,5 km bergwärts bis zur Wegscheide am Parkplatz Triefsteinfels, von da 2 km auf einem markierten Wanderweg genau nach Osten.

Von Friedrichroda aus zum Campen an die Lütschetalsperre – wer es versteht, baut sich eine Erlebnisfahrt mit allen Schikanen. Eine Skizze könnte lauten: *Friedrichroda Forsthaus (hinterm Reisebüro) – Philosophenweg zum Nordostzipfel Finsterbergens, Parkplatz am Ölberg – von da durch den ganzen Leinagrund bis Beyers Wiese – von diesem Schnittpunkt vieler Wege durch eines der sieben Täler hinein nach Tambach-Dietharz; an der Hohen Warte (549 m) mit Aussichtsturm kommt man an – von Tambach auf dem Wanderweg, der am Ostausgang des Ortes an den Hülloch-Felsen beginnt, nach Osten zur Ohratalsperre; auf dem Norduferweg bis zur Sperrmauer. Hier ärgert man sich über das Badeverbot und fährt vom Parkplatz weiter auf der Oberhofer Straße wie oben angegeben.*

Der Länge der Tour eingedenk begnügen wir uns an diesem Tage mit der Weiterfahrt über Catterfeld nach Georgenthal; es sind 8,0 km. Leider sind nicht allzuviele Zeugen der interessanten Geschichte des Ortes auf uns gekommen. Mit der Gründung des Zisterzienserklosters Georgenthal 1143 reagierten die alteingesessenen Grafen von Käfernburg-Schwarzburg auf das Vordringen der Ludowinger. Der Grundriß des spätromanischen Baus wurde freigelegt. Es war – war! – eine dreischiffige kreuzförmige Basilika mit Stützenwechsel und Staffelchor im Hirsauer Schema. Immerhin, wenigstens die Ruine des spätromanischen Abtshauses und in Gänze das gotische Kornhaus westlich der Kirche blieben erhalten; in letzterem befindet sich das Heimatmuseum. Besucher mit guten Nerven machen da zum Beispiel Bekanntschaft mit der Geschichte der Hexenprozesse im alten Amt Georgenthal. Die Basilika war um 1200 die erste eingewölbte Kirche Thüringens. Auch die Dorfkirche in Georgenthal ist alt, der dreischiffige Bau gehört noch der Spätromanik an; sein Kern entstand zu Beginn des 13. Jh. Der auffällig reiche Orgelprospekt stammt aus dem 18. Jh.

Ohrdruf

Von Georgenthal sind es noch knapp 6,5 km bis Ohrdruf. Am westlichen Orts-

Schäfer aus Ohrdruf

eingang fährt man rechts am Bahnhof vorbei, überquert die Straße Nr. 247, von da geht es geradewegs vor die Front von Schloß Ehrenstein. In Ohrdruf steht man auf heiligem Boden, Freunde deutscher Geschichte wissen das. Hier begann Bonifatius, der „Apostel der Deutschen", 725 seine vom Papst wie von der fränkischen Zentralgewalt geförderte Mission mit der Gründung der Zelle St. Michael. Die Mission zielte auf die Beseitigung der aus dem alten Thüringer Reich überkommenen heidnischen wie späteren christlich-arianischen Traditionen. Die frühkarolingischen Hausmeier waren begeistert; eine durchgängige kirchliche Organisation war als staatsbildender Faktor höchst erwünscht. Eine königliche Verordnung bestätigte denn auch die Bistumsgründungen in Büraburg, Würzburg und Erfurt.

Aus der Michaelszelle, der ersten christlichen Kirche Thüringens, ging

Am Ortseingang Ohrdruf

gut 1000 Jahre später die Michaelskirche hervor; 1945 wurde sie zerstört. Ihr Turm steht noch und hält die Erinnerung an den Angelsachsen aus Wessex

Schloß Ehrenstein

wach, der am 5. Juni 754 in der Nähe des späteren Dokkum den Märtyrertod erlitt – die Friesen mochten ihn nicht.

Ohrdruf liegt schon einige Kilometer vom Gebirgsrand abgerückt, noch runde 380 m hoch, im Tal der Ohra. Die kommt von der Talsperre, fließt nach Luisenthal und durch das in Nord-Süd-Richtung langgestreckte Ohrdruf hindurch. Nördlich Hohenkirchen mündet sie in die Apfelstädt, die sich ihrerseits oberhalb Erfurt mit der von Arnstadt kommenden Wilden Gera vereinigt. Die Abdachung des Gebirges ist reich an kleinen und mittleren Fließgewässern. In der vorindustriellen Zeit stellten sie die energetische Grundlage des metall- und des holzverarbeitenden und des Mühlengewerbes dar. So hat man denn auch im Lauf der Ohra zwischen Luisenthal und der Mündung in die Apfelstädt 30 (!) Hütten- und Hammerwerke, Mühlen, Schleifwerke und Gerbereien nachgewiesen. Bekannt ist in Thüringen der 1634 gegründete *Tobiashammer*, der im 18. Jh. zu einem Kupferwalzwerk erweitert wurde. Als Technisches Denkmal steht er unter Schutz; drei wassergetriebene Schwanzhämmer können heute noch zum Treiben von Kupferkesseln jederzeit in Betrieb gesetzt werden. Der *Tobiashammer befindet sich 3 km südlich von Schloß Ehrenstein und ist auf der Straße Nr. 247 bequem zu erreichen. Wer von Luisenthal kommt, fährt am Nordausgang des Ortes auf dem Weg links vor der Großen Eiche, einem Naturdenkmal, einen knappen Kilometer nach Norden.* Eine Gaststätte ist in der Nähe.

Die Wachsenburg

Schloß Ehrenstein ist ein unvollendeter Renaissancebau, hauptsächlich zwischen 1550 und 1590 entstanden. An der Hofseite des Ostflügels befinden sich ein Erker mit sog. Diamantquaderung und ein reiches Portal; am Südflügel fällt der Vorbau mit dem schönen Giebel auf. Das Heimatmuseum im Schloß stellt vor allem Ohrdrufs Geschichte vor; zu sehen sind aber auch Holzspielwaren, Bahrtücher und Gothaer Hauben. Johann Sebastian Bach, der von 1695 bis 1700 in Ohrdruf lebte und hier zur Schule ging, wird besonders gewürdigt. Das

Rathaus, einst ein ansehnlicher Renaissancebau, brannte 1808 ab und wurde in sehr vereinfachter Form wieder aufgebaut. Auch der Marktbrunnen, ursprünglich von 1567, wurde leider mehrfach verändert.

Der Ohrdrufer Münzschatz, ein Superfund mit beinahe allen deutschen Prägungen aus der Brakteatenzeit

(einseitige mittelalterliche Prägungen), befindet sich heute im Münzkabinett des Gothaer Schloßmuseums. Ohrdruf war das letzte Machtzentrum der Grafen von Gleichen, eine zeitlang sogar deren Residenz. Später Hohenlohescher Besitz, kam die Stadt 1803 endgültig zum Herzogtum Sachsen-Gotha.

Drei Gleichen

Wir verlassen sie nun, auch um herauszufinden, was es mit den berühmten Drei Gleichen auf sich hat. Autofahrer benutzen die Straße Nr. 247 bis zur Autobahn Gotha 9,0 km, von da nach Osten bis zur Abfahrt Wandersleben/Drei Gleichen 8,0 km. Wir folgen der Sekundärstraße, die rechts am Schloß Ehrenstein abgeht. Ausgeschildert ist Mühlberg, bis dahin sind es acht mehr oder weniger holprige Kilometer. Der Ort ist unser Startpunkt für die kleine Burgenrunde; um die Orientierung zu erleichtern, seien zuerst die Stationen genannt: Mühlberg/Mühlburg, 0,0 km – Gustav-Freytag-Weg zur Wachsenburg, 4,3 km – Haarhausen; Weg nördlich des Weinberges zum Längel (321 m), durchs Gleichental zurück nach Mühlberg, 11,3 km – Feldmühle; Unterquerung der Autobahn, Burgruine Drei Gleichen, 13,8 km.

Zum Landschaftsgschutzgebiet Drei Gleichen gehören drei Bergkegel mit drei Burgen bzw. Burgruinen, es schließt das knapp 19 ha große NSG Wachsenburg ein. In der Schenkung Herzog Hedens II. an das Bistum Utrecht von 704, der ältesten Urkunde überhaupt, in der Orte dieser Landschaft bezeugt sind, wird auch Mühlberg – als Castellum Molberg – genannt. Die Burg oberhalb des Ortes ist seit 300 Jahren Ruine, erhalten sind der Bergfried des 12. Jh., Wehrmauern und Wälle.

Die Wachsenburg auf dem Wassenberg (421 m) ist die größte der drei Burgen, vermutlich stammt sie aus dem 10. Jh.! Ihr Kern ist romanisch, in der Zeit der Gotik und noch einmal in der Mitte des 17. Jh. erfolgten Restaurierung und Ausbau der Anlage; 1651 wurde auch der 93 m tiefe Brunnen geschachtet. Ende des 19. Jh. fand die Ausschmückung im Geist der Romantik statt, Holztäfelung und Butzenscheiben kamen in die gotischen Gemächer der Burg. Mehr und mehr entwickelte sie sich zum beliebten Ausflugsziel mit Ausschank; während des Sozialistengesetzes diente sie dreimal als geheimer Tagungsort der Thüringer Sozialdemokraten.

Die Veste Gleichen wurde im 11. Jh. errichtet; die Kapelle ist romanisch, der Bergfried und das noch vorhandene Mauerwerk sind dem 12. Jh. zuzurechnen. Das Schloß von 1587/88 – zweigeschossiger Palas, Torhaus und

Dorf Nähe Wachsenburg

Kartoffelernte …

Speicher – verfiel im 18. Jahrhundert zur Ruine. Dank der Erhaltungsmaßnahmen nach 1960 durch den ehemaligen Kulturbund der DDR konnten repräsentative Teile der Randhausburgruine gesichert werden.

Im Turmzimmer der Veste kann man sich eine kleine, aber hübsche Ausstellung zur Burggeschichte anschauen; die Öffnung wird durch den Aufzug einer weithin sichtbaren rot-weißen Standarte angezeigt. Lohnend ist auf jeden Fall die Umschau von der Plattform des Turmes.

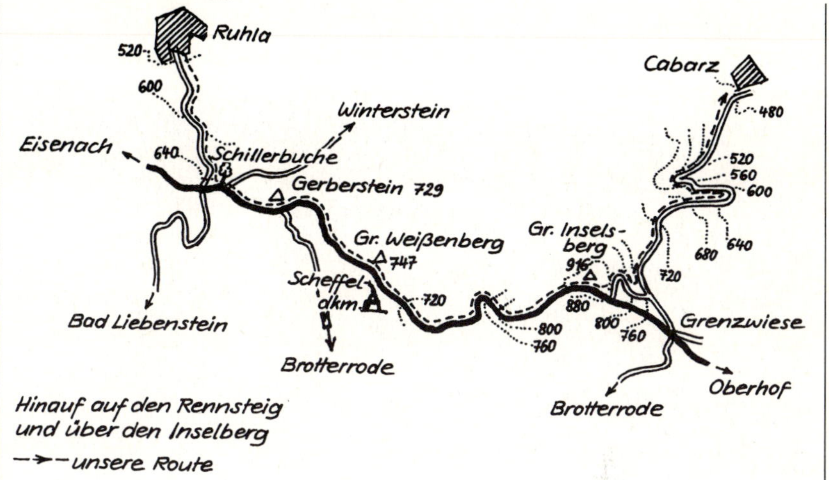

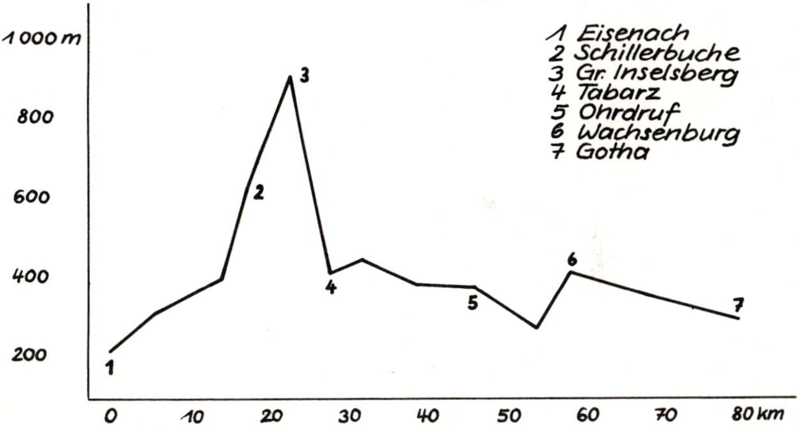

Von Eisenach über den Inselsberg

Von der Gleichen-Ruine aus fahren wir nach Norden 2,5 km bis Wandersleben, von da sind es auf teilweise arger Landstraße in nordwestlicher Richtung über Seebergen noch 8,5 km nach Siebleben, den Südostortsteil Gothas. Vor dem Ortsrand von Siebleben verläßt man die Landstraße nach links, so daß man durch Siebleben hindurch ins Zentrum Gothas gelangt. Wenige hundert Meter weiter nämlich mündet unsere Straße in die Fernverkehrsstraße Nr. 7 Eisenach - Erfurt ein, die man sich am Ortsausgang Gothas besser erspart.

Die alten Städte – von Gotha über Schloß Molsdorf nach Erfurt – 30,5 km –

Gotha macht, auf der Karte betrachtet, einen kleinen Eindruck, rundlich sieht die Stadt aus, dicht, ja zusammengedrängt, so, als würden Häuser, Viertel, Plätze von einem verborgenen Zentrum angezogen, um das sie sich möglichst eng zu scharen trachten. Steht man erst auf dem Markt oder gar zu Füßen des frommen Ernst und schaut zum Schloßberg hinauf, begreift man schnell den eigentlichen Grund des genannten Eindrucks: *Schloß Friedenstein* auf der Höhe ist die Dominante des mehr als 1200 Jahre alten Gemeinwesens und regiert das Bild nicht ohne gelassene Majestät.

Eine Residenzstadt wie sie im Buche steht, mag auch viel vom alten Glanz verblichen sein. Würde und Pomp, fürstliche Verspieltheit und beamtenhafte Ordnung – alles hat seinen Platz, selbst der Verfall im Gefolge der jüngsten Jahrzehnte, der in mancher Altstadtgasse ungehindert an der Substanz nagt. Nagt – das Wort ist leider noch zu milde, nicht nur der Putz bröckelt. Die Altstädter scheinen dies mehr mit Resignation als mit Geduld zu tragen; fairerweise muß man hinzufügen: neuerdings auch mit einer leisen und keineswegs allerorts artikulierten Hoffnung, daß sich nun doch noch alles zum Besseren wenden werde. Lustwandelnd im Schatten der alten, mächtigen Bäume des Schloßparks oder vor einer Tasse guten Kaffees und einem nicht minder guten Stück Sachertorte im Orangerie-Café sitzend wird einem solche Hoffnung leicht zur Gewißheit. Wieso? Für diese Stadt muß einfach etwas getan werden . . . Und in der Tat: Hat sie nicht schon üblere Zeiten überstanden?

Villa Gothaha wurde sie 775 in einer Urkunde Karls des Großen genannt – als Besitz der Hersfelder Reichsabtei. 1168 gehörten die Siedlung und ihr Umland den thüringischen Landgrafen, 1316 wird die Burg auf dem Schloßberg namentlich bezeichnet – als Grimmenstein. Zur wirtschaftlichen Blüte im 15./16. Jh. trug vor allem der Handel mit Getreide, Holz und Waid (Kräuterpflanze zum Färben) bei – Färberwaid aus Gotha gelangte bis nach Köln.

Überdauerndes ist dem Jahre 1744 zu vermelden: Conrad Ekhof, einer der Väter deutscher Schauspielkunst, verwirklichte in Gotha den alten Traum von einem ortsfesten Theater; fortan war es möglich, in Lessings Sinne von der Bühne aus dem strebenden Bürgertum künstlerische Leitkraft zu vermitteln.

1785 gründete J. G. Justus Perthes die Geographische Anstalt und Verlagsbuchhandlung, seit 1866 erschienen in Gotha „Petermanns Mitteilungen“; die großen Atlanten von Stieler, Sydow, Langhans und anderen verhalfen der Firma zu Weltruhm. Gotha wurde zur Metropole nicht nur deutscher Kartographie, und wer auf „Petermanns Mitteilungen“ abonniert war, hatte nicht nur Gelegenheit, seinen Horizont im wahrsten Sinne des Wortes zu erweitern, er erfuhr häufig auch aus erster Hand von den atemberaubenden Vorstößen der Entdecker des 19. Jh. in die letzten noch unbekannten Areale unseres Globus. Kaum einer weiß, daß Gotha auch Heimstatt des selbständigen deutschen Versicherungswesens ist; der Kaufmann Ernst Wilhelm

chloß Friedenstein

Schloß Friedenstein

– Arnoldi schuf die Grundlagen dafür mit seiner Feuer- und Lebensversicherung in den Jahren 1821 und 1827.

Im Mai 1875 fand in der Gaststätte „Tivoli" der Vereinigungskongreß der Sozialdemokratischen Arbeiterpartei – der Eisenacher – und des Allgemeinen Deutschen Arbeitervereins – der Lasalleaner – statt. Das Gothaer Programm wurde angenommen, mitgetragen von Wilhelm Liebknecht und August Bebel.

Mehr wäre anzuführen, aber was vermag Lektüre schon gegen die Schau am Objekt! Mit der man durchaus auf Schloß Friedenstein beginnen kann.

Rundgang durch Gotha

Und sogleich scheiden sich die Geister – wohin zuerst? Conrad Ekhof hinter die Kulissen schauen? Die Bühne seines Theaters im südwestlichen Pavillion ist *beinahe im Originalzustand erhalten, Thalias Freunde werden sich die Gelegenheit nicht entgehen lassen. Oder in die zahlreichen Abteilungen, die die wahrhaft kostbaren Sammlungen des Schoßmuseums bergen? Sie verdanken ihre Entstehung herzoglichem Kunstsinn, 1647 hatte Herzog Ernst mit einer Kunstkammer begonnen. Werke von Cranach, Rubens, van Dyck, Hals und Liotard sind zu bewundern, große Namen wahrhaftig. Auf Schloß Friedenstein droht ihr Glanz zu verblassen angesichts der einmaligen Konkurrenz, die ihnen ein kleines Bildnis macht: Das Liebespaar vom Meister des Hausbuchs*, datiert um 1484, weltberühmt, millionenfach als Kunstdruckpostkarte verkauft. Manche Besucher aus Übersee gestehen, nur wegen dieses Bildes nach Gotha gekommen zu sein, einmal wollten sie die intime Anmut und den delikaten Liebreiz des Paares am Original genießen.

Vielleicht aber werfen Sie einen Blick in die historischen Räume des Barock, des Rokoko oder des Klassizismus? Man kann auch im umlaufenden Arkadengang des Schlosses spazieren, sich die Kestnersche Trachtensammlung anschauen oder sich einfach auf die Wiese im Park legen, die Arme unterm Kopf verschränken und träumen.

Auch wer sich für einen Parkbummel entschließt, wird es nicht bereuen. Das Café in der Orangerie haben wir schon gewürdigt, im Parkteich darf gegondelt werden, das Beklettern des Dorischen Tempels hingegen ist nicht erwünscht. Falls Sie, und sei es vom schlechten Wetter, in das Museum der Natur an der Parkallee verschlagen werden, so ist auch dies kein Beinbruch – erfreuen Sie sich an den seltenen Mineralen, am Glanz der Edelsteine oder verordnen Sie sich eine Lehrstunde der Naturge-

Dom und Severikirche, aus dem Garten des Bischofs

Erfurt, Auf der Krämerbrücke

Antiquitätengeschäft auf der Krämerbrücke

Erfurt, Café im Schatten des Doms

Junges Glück am Dom

Marktplatz, Erfurt

omfenster

Musikschülerin, Marktplatz Erfurt

Schloß Molsdorf bei Erfurt

Erfurt: Detail Haus am Markt

schichte des Thüringer Waldes.

Die illustre Stätte fürstlich-deutscher Kulturgeschichte verlassend blickt man vom Denkmal des tüchtigen Dynasten in die Stadt hinunter zum Hauptmarkt. Da steht das *Rathaus*, ursprünglich ein Kaufmannshaus, dann Herzogsresidenz, bevor das Schloß gebaut wurde. Der Renaissancebau von 1567 – 1577 besitzt an der Südseite einen Turm mit Kuppel und Laterne, an der Nordseite ein reichgeschmücktes Portal mit Wappenaufsatz. Man steht und schaut, denkt ans Fotografieren, denkt an die unruhigen Ernestiner und ihre berüchtigten Erbfälle, an ihre Tricks, mit denen sie die Reichsmünzgesetze unterliefen – kaum einer jedoch denkt an den wüsten Grumbach, der doch als großer Abenteurer in die deutsche Historie eingegangen ist und der seinen Namen gab für die Affäre, die in den Büchern als die „Grumbachschen Händel" verzeichnet ist.

In Rimpar bei Würzburg wurde der Edelmann Wilhelm von Grumbach 1503 geboren; er spielte im Bauernkrieg eine Rolle und kümmerte sich um die Ermordung seines Schwagers Florian Geyer. In den Diensten des Ernestiners Johann Friedrich des Mittleren, der ein erhebliches Interesse an der Wiedergewinnung der im Schmalkaldischen Krieg verlorenen Kurwürde hatte, verfolgte Grumbach eigene Ziele. Beim Versuch, den Würzburger Bischof gefangenzunehmen, unterlief ihm ein Kunstfehler: Der Bischhof wurde ermordet. Es folgte das kaiserliche Achtsmandat über Grumbach, der sich um so enger an Johann Friedrich anschloß und den Herzog und seinen Kanzler Christian Brück mehr und mehr in so ehrgeizige wie unübersichtliche Pläne verwickelte.
Kurfürst August von Sachsen erreichte

Im Schloßhof Friedenstein

schließlich, daß der Kaiser Grumbach und den Herzog mit der Reichsacht belegte. Um Weihnachten 1566 rückte der Sachse vor Gotha auf, im April des Folgejahres nahm er nach harter Belagerung die Residenz seines Mitbewerbers. Herzog Johann Friedrich wurde nach Wien überstellt, sein Kanzler Brück und Grumbach wurden bei lebendigem Leibe gevierteilt.

Vom Rathaus sind es nur wenige Schritte zu den Sehenswürdigkeiten innerhalb des Gevierts zwischen Bürgeraue, Gartenstraße und Schloß. Gleich nebenan im Brühl befindet sich das bereits 1223 gegründete *Maria-Magdalenen-Hospital*, geblieben ist der Barockbau von 1716, sehenswert ist das Portal des Mittelbaues. Im Brühl steht auch das Haus zum „Königs-Sahl", ein Renaissancebau wie das alte Waidhaus in der Gretengasse.

Die *Margarethenkirche* am Neumarkt ist eine dreischiffige spätgotische Hallenkirche, die auf den Grundmauern einer romanischen Basilika entstand.
Die *Augustinerkirche* am Klosterplatz weist Stilmerkmale von der Gotik bis zum Barock auf, Kanzel und Fürstenloge gehören ganz dem Barock an.

Ein bemerkenswertes Denkmal früher Wasserbaukunst ist der Leinakanal. Da es der Stadt immer an Wasser mangelte, wurde er 1369 zum Treiben der Mühlen angelegt. Sein Eintritt in die Innenstadt unterhalb des Schloßberges wurde 1895 in „Kaskaden" gefaßt.

Zur Tivoli-Gedenkstätte des Gothaer SPD-Parteitags – der historische Tagungsraum wurde rekonstruiert – kommt man über die Bürgeraue; in Höhe der Jüdenstraße stößt man auf die wenigen Reste der Stadtmauer, die in Gotha erhalten blieben.

Innenhof Schloß Friedenstein

Im Schloß Friedenstein

All dies und noch viel mehr kann man sich anschauen – wer Lust und Zeit hat, wird es zu Fuß tun, Gotha ist wirklich eine kleine Stadt. Höchstens Freunde der Literatur werden zum Rad greifen, für einen Viertelstunden-Ausflug in den Ortsteil Siebleben im Osten Gothas. Da steht das Haus *Zur Guten Schmiede,* Domizil Gustav Freytags, des über die Jahrhundertwende hinaus vielgelesenen Romanschriftstellers. Herzog Ernst II. hatte in ihm einen Geistesverwandten gefunden, von 1851 bis 1879 lebte Freytag ständig in Gotha. Ab 1848 gab er die „Grenzboten" heraus, ein maßgebliches Sprachrohr des Liberalismus. Seine nicht ohne Realismus und Erzählgabe vorgetragene literarische Produktion – „Soll und Haben", „Die Ahnen", „Bilder aus der deutschen Vergangenheit" – beförderte das Selbstbewußtsein wie die Einheitsbestrebungen des deutschen Bürgertums.

Rathaus Gotha

Renovierte Häuser am Marktplatz Gotha

Molsdorf

Für die Fahrt von Gotha nach Erfurt sind gute 30 km vorgesehen. Dabei schlägt man zwei Fliegen mit einer Klappe: Man vermeidet die Fernverkehrstraße Nr. 7 und gönnt sich einen Abstecher nach Molsdorf.

Die Route: Am Ende von Siebleben rechts abbiegen in Richtung Seebergen – durch den Ort hindurchfahren und weiter in südöstlicher Richtung bis Wandersleben – von hier nach Ost über Apfelstädt in das Dörfchen Kornhochheim. – Der Flecken gehört heute zu Neudietendorf, man muß etwas aufpassen. Hinter den letzten Häusern von Kornhochheim scharf links abbiegen, dieses letzte Stück ist ein Fahrweg zwischen Feldern, auf ihm sind es noch 3 km bis Molsdorf. Die vielen unbekannte Ortschaft befindet sich gerade einen Kilometer nördlich der Autobahn, der sehr gepflegte gastronomische Service gilt als Geheimtip.

Das Molsdorfer Schloß gehört zu den schönsten Rokokobauwerken in Thüringen. Es entstand aus einem wehrhaften, heute noch im Grundriß erkennbaren vierflügeligen Wasserschloß des 15. Jh. Reichsgraf Gustav Adolf von Gotter ließ es 1736 bis 1745 zu einem fulminanten Lustschloß umbauen, wobei er sich vom Weimarer Landbaumeister Krohne beraten ließ. Drei Jahre später fiel die gesamte Anlage mit ihrem im französischen Stil angelegten Park an die gothaischen Herzöge und wurde fortan als Sommerresidenz und Domäne genutzt. 1950 übernahm die Stadt Erfurt das im Kriege schwer beschädigte Schloß, richtete es vorübergehend als Kinderheim ein und begann 1958 mit einer gründlichen Restaurierung. Die, wie man feststellen kann, gelang. Seit 1966 ist Schloß Molsdorf Anziehungspunkt für Touristen;

Schloß Molsdorf

Konzerte und Matineen finden statt.

Einmal in Molsdorf lohnt auch die Dorfkirche einen Blick, der dreischiffige Barockbau über kreuzförmigem Grundriß ist aus der Zeit um 1720.

Wir verlassen Molsdorf in nördlicher Richtung; die Brücke, die nach gut 2 km über das Flüßchen Apfelstädt führt, stammt aus dem Jahre 1752. Wir fahren über Möbisburg, Bischleben und Hochheim und bleiben dabei immer im Tal der Gera, die im zuletzt genannten, den Südwestzipfel Erfurts bildenden Stadtteil den bewaldeten Steiger-Fahner-Sattel in einem markanten Steiltal durchbricht. Nach von Molsdorf aus gerechneten reichlichen 10 km kommt man über folgende Stationen auf dem Gothaer Platz in Erfurt an: auf der Geratalstraße durch Bischleben, danach über Bischlebener Straße, Winzerstraße und Cyriakstraße.

Erfurt

Erfurt ist Wirtschafts- und Verkehrszentrum des Thüringer Vorlandes, ist weltbekannte Blumen- und Domstadt, gehörte dem Goslarer Hansebund an, besaß früh eine Universität – die erste in Deutschland, an der von Anfang an alle vier erlaubten Fakultäten bestanden. Der Erfurter Humanistenkreis und Ulrich von Hutten waren in ihren Mauern zu Hause, Luther hatte hier studiert und war Augustiner geworden. Jahrhundertelang war es eine reiche, pulsierende, moderne Stadt, intensiv beteiligt an den politischen und geistigen Auseinandersetzungen der Zeit. Einst Stätte kaiserlicher Reichstage, lange kurmainzisch, danach preußisch, erlitt Erfurt im letzten Kriege schwere Verluste. Aber Altstadt und Fischmarkt, der Anger und die Renaissancepaläste künden heute noch von der Größe und Bedeutung Erfurts im Mittelalter. Und natürlich die Krämerbrücke und zu allererst Thüringens Akropolis: der Dom und Sankt Severi auf dem Berge.

In Erfurt zu weilen, zu sehen und zu suchen, zu finden und zu begreifen – dies kann Lust und Qual zugleich bedeuten. Denn die Zeit ist immer zu knapp, die Fülle des zu Schauenden ist zu verwirrend, um nicht zu sagen: erdrückend. Die nachfolgenden Ausführungen können höchstens zu einer Art Einstimmung beitragen.

In der südlichen Hälfte des weiträumigen Thüringer Beckens gelegen breitet sich Erfurts Stadtgebiet überwiegend im sog. Erfurter Becken aus, das in Süden und Westen vom bewaldeten Muschelkalksattel des Steigers – Martinsbusch (335 m) – und der Fahnerschen Höhe – Abtsberg (412 m) – begrenzt wird. Die Gera, vom Rennsteig kommend, durchfließt die Stadt in weitem Bogen und verläßt sie nach Norden vorbei am Roten Berg. Erfurt entstand als Furtstadt an einem flachen Übergang über die Gera. Im Gerabogen lagen auch die Anfänge der Stadt, heute zieht sich Erfurt bis auf die Randhöhen hinauf. Bereits im frühen Mittelalter war Erfurt ein überragender Verkehrsknoten, die wichtigsten Handelsstraßen Deutschlands schnitten sich hier: die Hohe Straße oder Königsstraße, die den südwestdeutschen Raum über Leipzig mit Handelsmärkten Osteuropas verband und die Nürnberger Straße, die die Verbindung zwischen der Hanse im Norden und den oberitalienischen Städten herstellte.

Als zu den alten Siedlungen zwischen Petersberg und Gera eine Niederlassung vor allem von Kaufleuten am östlichen Flußufer hinzukam, wurden die ersten Holzbrücken gebaut; die Krämerbrücke ist eine der ältesten. 1325 mußte sie dem heute noch bestehenden Steinbau weichen – der blieb als einzigartiges Denkmal und einziges Bauwerk dieser Art nördlich der Alpen erhalten.

Am 1. Mai 1392 eröffnete der Rat eine Universität, im frühen 16. Jh. wird sie zum Sammelpunkt des Humanistenkreises, zu dem Männer wie Eobanus Hessus und Grotus Rubianus gehören. Ulrich von Hutten lebte zwei Jahre in der Stadt; er und Rubianus zogen mit den Dunkelmännerbriefen gegen die Unmoral und Unwissenheit der Spätscholastik zu Felde. Von 1501 bis 1505 war Martin Luther an der Philosophischen, einige Wochen auch an der Juristischen Fakultät eingeschrieben. 1505 trat er in das Augustinerkloster ein, in dem er sich mit einjähriger Unterbrechung bis zur Übersiedlung nach Wittenberg 1511 aufhielt.

Ab Mitte des 18. Jh. datiert der Aufschwung des Gartenbaues, besonders der Samenzucht.

Nach Preußens Niederlage in Jena 1806 fiel die Festung Erfurt kampflos an die Franzosen. 1808 inszenierte Napoleon in der Stadt den Fürstenkongreß, aus diesem Anlaß fand das bekannte Treffen mit Goethe in der Statthalterei statt. Wie überliefert, sollen beide Herren nicht unbeeindruckt voneinander gewesen sein. Nach der Völkerschlacht bei Leipzig im Oktober 1813 belagerten die verbündeten Truppen das von den Franzosen verteidigte Erfurt. Bei der Beschießung am 6. November brannten das Peterskloster, ein Teil seiner Kirche und mehr als 170 Häuser auf dem Domplatz ab. Zwei Monate später übergaben die Franzosen die Stadt.

In der zweiten Hälfte des 19. Jh. begann Erfurts Industrialisierung, 1906 wurde es mit 100 000 Einwohnern Großstadt. Der Maschinenbau, die Textilbranche und nicht zuletzt die Gärtnereien und Blumen- und Gemüsesamenzüchtereien, die Erfurt in der ganzen Welt bekannt machten, legten den Grundstein für die wirtschaftliche Prosperität in den ersten Jahrzehnten des 20. Jh.

Von den Ereignissen des 2. Weltkrieges wurde Erfurt stark in Mitleidenschaft gezogen, vom 10. April spät abends bis zum Mittag des 12. April beschoß amerikanische Artillerie die Stadt. Nach Bodenkämpfen im Steiger erreichten Panzer und Infanterie am Morgen des 12. April den Stadtrand, am Nachmittag war Erfurt von den Truppen besetzt.

Die industrielle Entwicklung Erfurts nach 1945 war bedeutend; als Branchen dominierten Blechumformung, Büromaschinen, Funktechnik, Mikroelektronik, Starkstromanlagen und Apparatebau. Der Export von Zierpflanzen und Sämereien ging in mehr als 40 Länder. 1952 war Erfurt Bezirkshauptstadt geworden.

Domhügel und Petersburg

In der Frühe muß man auf dem Domplatz stehen, die aufgehende Sonne im Rücken, an einem Herbsttag, der schön zu werden verspricht. Das letzte dunkle Blau der Dämmerung weicht, der Nachtdunst verfliegt, und der Äther wird weit und transparent. Minuten noch, bis das Licht der ersten Strahlen die gewaltig aufstrebenden Türme streift und die Schatten schärft. Da legt sich ein Hauch warmen Goldes über den grauen, uralten Stein, der weit aus dem Hügel herausgreifende Domchor scheint gerüstet: ein stolzes Schiff auf der Fahrt in ewige, unendliche Ferne . . .

)ie Krämerbrücke in Erfurt

Haus Zum breiten Herd, Erfurt

Fensterdetail Haus Zum breiten Herd

Die aus *Dom* und *Severikirche* gebildete Baugruppe ist einzig in ihrer Art, Stadtkrone von Erfurt hat man sie genannt. In langen Jahrhunderten entstand der Dom als Hallenkirche, seine Baugeschichte beginnt im Jahre 1154 mit der Errichtung einer spätromanischen Basilika, von ihr stammen die unteren Geschosse der Türme. Spektakulärstes Ereignis war vielleicht die künstliche Erweiterung des Domhügels; die phänomenalen Substruktionen nahmen die Last des hochgotischen Chors (1349–1372) auf.

Älter noch ist Sankt Severi, die ehemalige Kirche der regulierten Augustinerchorherren. 1121 wird sie urkundlich genannt, in Chroniken bereits früher erwähnt. Das harmonische Miteinander von Dom und Kirche schließt den feinen Kontrast in den Einzelheiten nicht aus: dem scheinbar leichten, facettenreich gegliederten und vielfach durchbrochenen Domchor stellt sich Sankt Severi in strenger Geschlossenheit. An der Südseite der Kirche befindet sich die Blasiuskapelle mit der Severusfigur; nordöstlich vom Chor der Kirche steht die Bonifatiuskapelle, ursprünglich wohl ein Befestigungsturm der einstigen Bischofsburg.

Als Denkmal der Festungsbaukunst steht die *Zitadelle Petersburg* unter Schutz. Gleichfalls auf dem Plateau befinden sich die Reste der ehemaligen *Benediktinerkirche St. Peter*, die zu den Großbauten der hirsauischen Reformbewegung gehörte. 1103 wurde der Bau begonnen, 1147 geweiht. Die kreuzförmige Basilika wurde 1813 durch Beschuß stark beschädigt, der Torso 1819 unverdrossen als Militärmagazin ausgebaut – da kannten die Preußen nichts.

Detail Statthalterei Erfurt

Domportal Erfurt

Zu Füßen des Domhügels

Zentrum dieses Teiles der Stadt westlich der Gera ist der *Fischmarkt*, ein annähernd viereckiger kleiner Platz vor dem neugotischen Rathaus. Hier stehen der Roland, ein Werk des Niederländers von der Milla, an der Nord- und Westseite des Platzes die Häuser Zum Breiten Herd und Zum Roten Ochsen, beide Renaissancebauten. Besonders reich ist das Viertel an alten Kirchen, Türmen und Kapellen. Der Bau der Predigerkirche, ehemals Klosterkirche des Dominikanerklosters, wurde nach 1278 begonnen; der Paulsturm ist ein spätgotischer Bau von 1465; die Brunnenkapelle am Fischersand hat mehr als 700 Jahre auf dem Buckel.

Hinter der Allerheiligenkirche an der Gabelung von Markt- und Allerheiligenstraße befindet sich das *Haus zur Engelsburg*, Wirkungsstätte des Erfurter Humanistenkreises zu Beginn des 16. Jh. Die frühgotische *Michaelskirche* war einst Universitätskirche, in ihrer Nachbarschaft stehen die *Dreifaltigkeitskapelle* von 1500 und die Ruine des Collegium majus der Alten Universität, die 1945 ausbrannte. Am Ende der Michaelisstraße steht der *Georgsturm*, 1380 begonnen; die letzte Kirche in diesem Areal ist die *Andreaskirche*, ein hochgotischer Bau des 13. Jh.

Aus den Bürgerhäusern dieses Gevierts ragen das Haus zur hohen Lilie am Domplatz 21, ein Bauwerk der Frührenaissance, das Doppelhaus in der Marktstraße 21 aus dem 16./17. Jh., das spätgotische Haus zum roten Stern in der Allerheiligenstraße und in der Michaelisstraße das Haus zum güldenen Kronbacken, ein Renaissancebau mit Portal, Tympanon und Korbgitterfenstern, heraus. Auf viele reizvolle Häuser, unter ihnen alte Fachwerkbauten, stößt man in der Turnier- und in der Waagegasse. Die lange Front dreigeschossiger Fachwerkhäuser in der Waagegasse stammt aus dem 16./17. Jh. Die Häuser dienten als Stapellager für die nach Erfurt eingeführten Waren, bevor sie in der benachbarten Waage zur Berechnung der Einfuhrtaxe gewogen wurden. In der Tuniergasse findet man das sagenumwobene Haus zum Turnier, früher Zum Tornaye genannt. Das 1528 neuerbaute Haus ist eines der letzten gotischen Wohngebäude in Erfurt. Besonders wichtig nimmt sich das steinerne Wappen des Bauherrn Gerlach von der Marthen aus. Die Sage verlegt in das Gebäude einen der Streiche Till Eulenspiegels, der hier einem Esel das Lesen beigebracht haben soll.

Wer nach Abschluß seines Bummels noch einmal auf den Domplatz zurückkehrt, mag vielleicht ein erstes Gespür für die Intensität und die Vielfalt des Lebens in dieser Stadt am Ausgang des späten Mittelalters bekommen haben.

Geblieben sind die Zeugen jener Zeit: verwittert und genarbt, von Wunden gezeichnet, zerstört und wieder aufgebaut, restauriert – manche verfallen.

Im Osten der Gera – der südliche Teil

Zentrum dieses Bereiches der Stadt ist der *Anger*, ein langgestreckter Straßenmarkt in der Flucht der Nord-Süd-Verbindung, der ursprünglich als Waidmarkt diente. Am Hause der Caroline von Dacheröden, späterer Gattin Wilhelms von Humboldt, gabelt sich der Anger in die Neuwerk- und die Regierungsstraße. Zweifellos gehört der Anger zu den schönsten Profanbauten Erfurts.

Im Schwarzen Löwen, Haus Anger Nr. 11, logierte im Dreißigjährigen

Erfurt-Häuserrenovierung am Domplatz

Krieg die schwedische Statthalterei. Eleonore von Schweden erhielt hier die Nachricht vom Tod ihres Gemahls Gustav II. Adolf in der Schlacht bei Lützen. Im Haus Nr. 6 wohnte der russische Zar Alexander, hier fanden die wichtigen Treffen mit Napoleon während des Fürstenkongresses 1808 statt.

Die *Reglerkirche*, eine gotische Basilika mit romanischem Südturm, besitzt einen doppelflügeligen Altar aus der Zeit um 1480, er ist ohne Gesprenge 3,25 m hoch und 6 m breit. In der Reihe der Erfurter Schnitzaltäre ist er der größte, leider sind seine Meister nicht bekannt. Einige Kunsthistoriker halten den Altar für einen Höhepunkt in der gesamten thüringischen und mitteldeutschen Malerei.
Die *Barfüßerkirche*, ehemals Klosterkirche der Franziskaner, war einmal eine gotische Basilika. Bomben vernichteten im November 1944 das Langhaus. Im nach dem Kriege wieder aufgebauten Chor stehen zwei Meisterwerke deutscher Grabplastik: die Grabsteine der Zinna von Vargula und des Weihbischofs Albert von Beichlingen.
Der große Flügelaltar der Kirche stammt von dem Meister, der die Einhornmadonna des Doms malte.

Die *Statthalterei* der Mainzer Erzbischöfe ist das monumentalste Profangebäude der Altstadt. Sie entstand 1711 – 1720, die Pläne fertigte M. von Welsch an. Der Ostteil besteht aus drei zu einer Einheit umgebauten Patrizierhäusern in den schlichten Formen der Frührenaissance, der repräsentative Mittelbau und der lange Westflügel wurden im Barockstil ausgeführt. Höchst sehenswert, wie es von Welsch gelang, Gebäude verschiedener Stilepochen zu einem bemerkenswert harmonisch wirkenden Ganzen zu vereinen.

An der Krämerbrücke, Erfurt

Die *Wigbertikirche* existierte bereits 1210 als Kapelle, wahrscheinlich war sie eine Gründung des Klosters Hersfeld, das in Erfurt einen Hof unterhielt.
Sie war die Hofkirche der Statthalter, hervorragend ausgestattet von Erfurter Handwerksmeistern.

Im Osten der Gera – der mittlere und der nördliche Teil

Zentrum dies Stadtteiles ist der *Wenigemarkt*, ein Platz im Zuge der von West nach Ost führenden Königsstraße. An seiner Ostseite befindet sich die Krämerbrücke, einst die wichtigste Verbindung zum Fischmarkt auf der anderen Seite der Gera. Neben dem schlanken Turm der Ägidienkirche beginnt die Brücke, wahrscheinlich entstand sie schon im 11. Jh., urkundlich wird sie 1117 zum ersten Mal erwähnt. Sie ist nicht nur das älteste, sondern ohne Zweifel auch das interessanteste profane Bauwerk des alten Erfurt. Auf beiden Seiten ist der über die Brücke führende Weg mit Häusern bebaut, 62 waren es in der Vergangenheit.

Fünf Sandsteinbogen greifen über den Fluß, je ein weiterer steht an beiden Ufern. 1472 – nach einem größeren Stadtbrand – wurden vermutlich die seitlich über das steinerne Brückengewölbe hinausragenden schweren hölzernen Sprengwerke angebracht, um weitere Grundfläche für die Häuser zu gewinnen. Wer heute zählt, kommt immerhin noch auf 32 Häuser; durch Zusammenlegungen und Umbauten sind im Laufe der Jahrhunderte größere Einheiten entstanden. An den Eingängen der Brücke befanden sich Brükkenkopfkirchen, ihre Schiffe lagen teilweise über den hohen Torbögen, wie es heute noch bei der Ägidienkirche der Fall ist; der spitze Turm steht daneben. Die *Benedictikirche* und ihr Turm am anderen Ende der Brücke wurden im vorigen Jahrhundert abgerissen.

Erfurt Am Anger

An der Nordseite des Angers stehen das Lutherdenkmal, hinter ihm die gotische *Kaufmannskirche*. Ihr Mittelschiff ist romanischer Herkunft, verschiedentlich wurde die Auffassung geäußert, der Ursprung dieser Kirche sei bis auf Bonifatius zurückzuführen.

Am Chor der Kaufmannskirche beginnt die Leninstraße; Nr. 169 ist das dreistöckige *Haus zum Stockfisch*.
Es gehört zu den schönsten Bürgerhäusern der Spätrenaissance in Mitteldeutschland, der reiche Waid- und Saflorhändler Ziegler ließ es 1607 über den mächtigen Kellergewölben eines gotischen Vorgängerbaues errichten.

Das dem „Stockfisch" benachbarte *Haus zum Mohrenkopf*, ebenfalls 1607 erbaut wirkt architektionisch ungleich bescheidener, aber lebhafter dank der farbigen Behandlung des Fachwerks – wie eine Festung dagegen steht das *Haus Zur Mühlaue*", Nr. 166. Mit Sicherheit ist es älter als das Renaissance-Portal in seinem Flur von 1562.

Das ehemalige *Augustinerkloster* wurde von Eremitenmönchen seit 1277 errichtet; von dem ausgedehnten Gebäudekomplex blieben trotz aller Kriege und Brände wesentliche Teile erhalten. (Bei dem berüchtigten amerikanischen Bombenangriff am 25. Februar 1945 fanden allein im Keller des Bibliotheksgebäudes 267 Menschen, meist Kinder, den Tod.)

Die etwa 50 m lange Kirche entstand zwischen 1290 und 1350, das zierliche Glockentürmchen ist rund hundert Jahre jünger. Am 17. Juli 1505 trat Martin Luther in das Kloster ein, in dem er entscheidende Jahre seines Lebens als Mönch und als Lehrer seines Ordens verbrachte. Eine der von ihm bewohnten Zellen ist seinem Gedenken gewidmet.
Die *Schottenkirche* in der Schottengasse, eine romaische Pfeilerbasilika, erinnert in überzeugender Weise an die von West

nach Ost gerichtete christliche Missionstätigkeit im frühen Europa. Die Kirche gehörte zu dem 1820 aufgehobenen Schottenkloster. Irische Mönche hatten es um die Mitte des 12. Jh. gegründet, später waren sie von den Schotten verdrängt worden. Die Kirche gehört – trotz ihrer gotischen und sogar barocken Bauteile zu den relativ wenigen bedeutenden Baudenkmälern der Romanik in Erfurt.

Zum *Wenigemarkt* zumindest soviel, daß er wesentlich älter ist als das 1217 zuerst erwähnte forum parvum – er war einst der Marktplatz der im Osten der Gera entstandenen Kaufmannssiedlung des 11. und 12. Jh. Der Name bedeutet schlicht kleiner Markt.

Unser mit zwiespältigen Gefühlen angekündigter Ordnungsvorschlag soll damit eingelöst sein. Ob er etwas im Sinne der Intentionen des interessierten Touristen leistet, wird jeder selbst beurteilen. Mindestens wird man – sei es mit Belustigung oder auch Empörung feststellen, was alles fehlt, nicht erwähnt, verschwiegen wurde. In dieser Stadt ist mehr zu entdecken und zu befragen, als auf diesen Seiten angedeutet werden kann; Erfurts Geschichte ist deutsche Geschichte. Sich ihr zu nähern bedeutet auch, den Griff nach weiterführender Literatur nicht zu scheuen.

Bleibt, bevor wir uns endgültig von Erfurt verabschieden, der listige Vorschlag, nach all der kleinschrittigen Stadtbummelei wieder zum Rad zu greifen, und sei es nur für zwei oder drei Stunden. Drehen Sie eine Runde zum Steiger, wo die Raubritter hausten und wo der Wald noch gut ist, und machen Sie sich im Hubertus oder im Waldhaus einen gemütlichen Nachmittag. Wenn noch Zeit ist und die richtige Jahreszeit außerdem, können Sie auf dem Rückweg bei der Gartenbauaustellung vorbeischauen, der Haupteingang befindet sich in der Gothaer Straße.

In der Epoche des sogenannten Realsozialismus diente die Austellung erklärterweise als Leistungsschau der Gartenbaubetriebe der DDR.
Als Motto galt „. . . die weitere Intensivierung der Obst-, Gemüse- und Zierpflanzenproduktion durch Chemisierung, Melioration und Züchtung.“ Der Parteiführung lag daran, das Leistungsniveau ausgewählter Spitzenbetriebe als Alltagspraxis des DDR-Gartenbaues vorzustellen. Der unbefangene Tourist, der sich heute auf dem Gelände umsieht, wird sich gewiß an der Blütenpracht abertausender Blumen erfreuen. In den Sommermonaten finden zahlreiche Kulturveranstaltungen statt.

Auf dem Freiplatz zwischen den Türmen der ehemaligen, nach italienischem Muster 1644 errichteten Befestigungsanlage erinnert eine alte Waidmühle an den vielleicht wichtigsten Erwerbszweig des mittelalterlichen Erfurt. Die angewelkten Blätter der Waidpflanze – Isatis tinctoria, ein bis 1 m hoher, zwei- bis mehrjähriger Kreuzblütler – wurden in den Rillen der mit Pferdekraft betriebenen Mühle zerquetscht. Die aus dem Brei geformten Kugeln wurden nach ihrer Trocknung von den Bauern an die Waidjunker verkauft. Nach erneuter Befeuchtung, Gärung und der Oxidation durch den Sauerstoff der Luft entstand die begehrte blaue Farbe. Getrocknet, pulverisiert und in Fässer abgefüllt nahm der Waid seinen Weg in die halbe Welt. Ein deutsches Zentrum des Waidanbaues war Thüringen: Erfurt, Gotha, Langensalza, Tennstädt und Arnstadt hießen die fünf Waidstädte.

Erfurt: Marktplatz

Burgenfahrt ins Unstrutland: die Sachsenburgen, Burg Querfurt, die Freyburger Neuenburg und weiter nach Naumburg

– 123 km –

Von Erfurt aus soll die Tour gute 40 km genau nach Norden führen, heran bis an die Unstrut. Die kommt aus dem Eichsfeld, wo sie nahe Dingelstädt in 368 m Höhe entspringt. Kurven- und schlingenreich windet sie sich nach Osten, in der „Sachsenburger" oder „Thüringer Pforte" bei Oldisleben bricht sie in einem Steiltal durch die Muschelkalk- und Buntsandsteinschichten von Hainleite und Schmücke.

Die schmalen Höhenzüge von Hainleite, Schmücke, Schrecke und Finne sind dicht bewaldet und landschaftlich sehr reizvoll; sie begrenzen das extrem waldarme und durch ein Niederschlagsdefizit charakterisierte Thüringer Becken an seiner Nordflanke.

Der Routenverlauf bis zu den Sachsenburgen: Erfurt, 0,0 km – Stotternheim, 7,0 km – Alperstedt, 11,0 km – Schallenburg, 16,5 km – Sömmerda, 20,5 km – Leubingen, 25,5 km – Griefstedt, Kindelbrück, Kannawurf, 37,5 km – Sachsenburg, 40,5 km. Wir verlassen Erfurt vom innerstädtischen Hauptring aus über Moritzwallstraße, Karl-Marx-Allee und Stotternheimer Straße. Zur Fahrt bis Sömmerda ist wenig anzumerken, das Land ist flach, ja platt und wird landwirtschaftlich intensiv genutzt.

Nördlich von *Alperstedt* erstreckt sich über mehr als 100 ha das größte noch erhaltene Kalkniedermoor im Innerthüringer Becken. Erlenbrüche, Großseggensümpfe und Röhricht wurden in der wald- und wasserarmen Landschaft zu einem wichtigen Brut- und Rastgebiet für zahlreiche Vogelarten; heimisch sind u.a. der Große Brachvogel, Bekassine, Sumpfohreule und Rohrweihe.

Der Weg führt über das Flüßchen Gramme; der Flecken Kranichborn bleibt rechts liegen, bei dem Dörfchen Schallenburg wird die Unstrut erreicht. Auf der Straße an ihrem rechten Ufer sind es noch 4 km bis Sömmerda. Die Stadt hat einen bekannten Sohn, der heißt Nikolaus Dreyse und konstruierte 1827 ein Zündnadelgewehr, zunächst als Vorderlader. 1836 wurde daraus ein Hinterlader, den 1840 die preußische Armee übernahm. Zwanzig Jahre später wurde der ehemalige Schlossergeselle geadelt, die Munitionsfabrik Dreyse & Collenbusch 1901 vom Rheinmetall-Konzern übernommen. Mit 14000 Beschäftigten war er 1939 der größte Betrieb Thüringens. Soll keiner sagen, daß ein Schlossergeselle zur rechten Zeit nichts auf die Beine brächte!

Bis Sömmerda reichte auch der lange, freundliche Arm der Mainzer Obrigkeit; das Pfarrhaus, ein Fachwerkbau von 1589, war früher kurmainzisches Amtshaus. Von der Stadtbefestigung blieben im Osten die Ringmauer mit sechs Wehrtürmen vom Ende des 16. Jh. erhalten; das schlichte Erfurter Tor ist von 1395.

Fünf Kilometer nordwestlich der Stadt liegt einer der Schicksalsorte des frühen Thüringens – das so gut wie völlig unbekannte *Weissensee* mit der ansehnlichen, gut erhaltenen Runneburg. Der spätromanische Pfalzbau

Saale bei der Rudelsburg

Gotha: Rathausportal

Jaumburg, am Marktplatz

Weite Felder – Fahrt zur Wachsenburg

Gotha: Im Schloß Friedenstein

Bleifenster im Schloß Friedenstein

otha: Markt mit Rathaus

Die Rudelsburg bei Bad Kösen

Naumburg: Domdetail

der ludowingischen Landgrafen entstand nach 1150 als wichtige Sperre vor den Höhenzügen von Schmücke und Finne. Die Grafen nahmen hier mehr Regierungshandlungen vor, als auf der Wartburg. Als Vorgängerbau der Runneburg ist eine Volksburg nachgewiesen, die Forschung vermutet in ihr jenen legendären locus Runibergun, wo der letzte König der Thüringer, Herminafrid, vergeblich hinhaltenden Widerstand gegen die Franken leistete, bis dann die Schlacht an der Unstrut 531 das Ende des Thüringer Reiches besiegelte.

Die Umschau in Weissensee selbst ist noch interessanter. Beinahe komplett ist die freistehende Stadtmauer mit ihren vier Toren erhalten; der Grundriß des mittelalterlichen Ortes ist ein überzeugendes Beispiel für das strategische Konzept einer landgräflichen Großburg.

Sömmerda liegt im Bereich der Gera-Helme-Unstrut-Niederung; bei der Weiterfahrt nach Norden fallen vor allem westlich von *Leubingen* und *Griefstedt* die zahllosen Dämme, Deiche und Gräben auf. Im Zentralgrab des riesigen Leubinger Grabhügels war ein Häuptling mit Waffen, Geräten und Goldschmuck beigesetzt; der gesamte Fund ist im Besitz des Landesmuseums für Frühgeschichte in Halle.

Am westlichen Ortsausgang von Griefstedt überquert man zunächst einen Nebenlauf der Unstrut, danach bei Riethgen den Hauptlauf, der zuvor die Helbe aufgenommen hat; nördlich von Kindelbrück führt die Straße Nr. 86 über die Wipper. An deren linkem Ufer geht es dann durch Kannawurf bis Sachsenburg, wo sich Wipper und Unstrut vor dem Durchbruch vereinigen.

Jeder, der zum ersten Mal hierherkommt, ist nach der Fahrt durch das einförmige Becken überrascht von der Schönheit der Gegend und dem eigenwilligen Reiz des Panoramas. Nicht umsonst gilt das Unstrutland als eigenständige, besondere Landschaft zwischen Harz und Thüringen, die zudem außergewöhnlich reich an oft verborgenen und kaum bekannten Zeugen der Vergangenheit ist. Die beiden *Sachsenburgen* stehen am Ort einer von den Merowingern gegen die Sachsen errichteten Burganlage. Von der vorhergehenden bronzezeitlichen Wallburg ziehen sich die Wälle heute noch hinüber bis zum sog. Glockentürmchen. Die Sicherung des Verkehrspasses, den auch die Nürnberger Straße benutzte, spielte im Mittelalter eine wichtige Rolle.

Die Weiterfahrt nach Querfurt soll nach folgender Route verlaufen: Sachsenburg, 0,0 km – Heldrungen, 4,0 km – Hauteroda, 10,0 km – Buchberg, 14,0 km – Wiehe, 19,0 km – Memleben, 26,0 km – Nebra, 33,0 km – Querfurt, 46,0 km.

Heldrungen wurd bekannt durch seine Wasserburg. Ernst von Mansfeld ließ die einstige romanische Rundburg zwischen 1512 und 1517 modernisieren und belagerungsfest verstärken. Im Mai 1525 wurde Thomas Müntzer in ihren Mauern verhört und gefoltert.
Nach ihrer Zerstörung 1645 erfolgte 1664–1668 der Wiederaufbau nach den Grundsätzen der italienisch-französischen Festungsbauweise, ein Musterbeispiel einer Regularfortifikation entstand. Heute ist die Burg Kulturdenkmal und Müntzergedenkstätte.

Auf dem Weg von Hauteroda nach Wiehe wird am Buchberg 350 m die Schrecke überquert. Wiehe verläßt man in südöstlicher Richtung, fährt bis zum Flecken Allerstedt und wendet sich von da nach Nordost, später Ost nach Memleben.

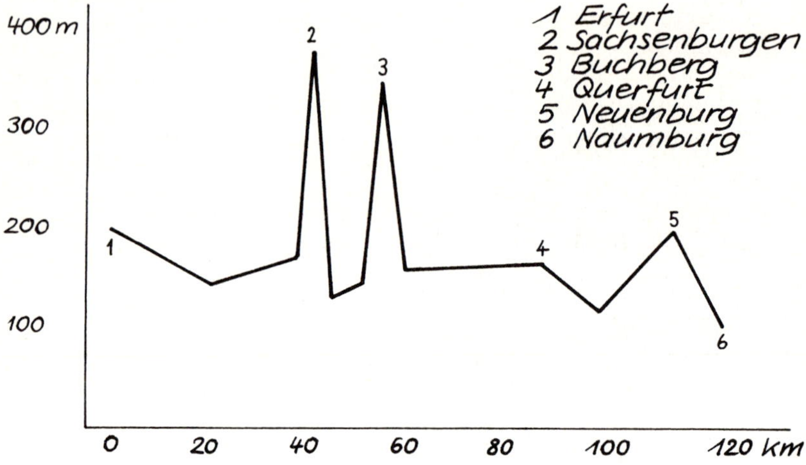

Burgenfahrt ins Unstrutland

Heute sieht man dem gemütlichen, auffällig sauberen und adretten Ort nicht mehr an, welche Rolle er zu der Zeit spielte, als das deutsche Reich entstand. Heinrich I. starb hier am 2. Juli 936. *Memleben* war eine seiner wichtigsten Pfalzen, in sie hatte er sich, todkrank schon, nach der letzten Reichsversammlung in Erfurt bringen lassen. Auch Heinrichs Sohn Otto I., der Große, starb in Memleben nach kurzer Erkrankung am Abend des 7. Mai 973.

Wer sich für deutsche Geschichte interessiert, wird sich auf dem Terrain der ehemaligen Kaiserpfalz umschauen. Reste der ottonischen, um 979 begonnenen Abteikirche sind teils erhalten, teils wurden sie durch Grabung nachgewiesen. Es handelte sich um eine Basilika mit zwei Querhäusern, zwei Chören und zwei Krypten; nächst dem Dom in Magdeburg war sie der größte Bau des 10. Jh. im Osten des ottonischen Reiches. Die Ruine ihrer Nachfolgerin, einer dreischiffigen Basilika mit Westtürmen und polygonalem Chor befindet sich nordöstlich des alten Baues.

Die Fahrt von Memleben nach *Nebra* macht mit einem der schönsten Abschnitte des Unstruttales bekannt. Freunde von Flora und Fauna werden auf ihre Kosten kommen und länger verweilen wollen. Unmittelbar westlich Nebra trifft man auf die Steinklöbe, so genannt nach dem mauergleichen Prallhang der Unstrut; Klöbe bedeutet hier soviel wie Klippe. Die steilen Südhanglagen, die relative Trockenheit und die überdurchschnittlich hohen Jahresmitteltemperaturen des Standortes begünstigen die Erhaltung einer Vegetation, die sich durch zahlreiche Vertreter der südlichen und zentraleuropäischen Flora auszeichnet. Hierher muß man kommen, wenn der

Burg Querfurt

Sommerwind über die sich haarleicht wiegende Flur des Federgrases streicht. Große Schwalbenschwänze und prächtige Pfauenaugen inszenieren Farbträume und segeln in ziellos-unstetem Flug von Blüte zu Blüte.

In Nebra verlassen wir das Unstruttal; über Vitzenburg – mit einem schönen Renaissance-Schloß – und Schmon sind es auf der Straße Nr. 250 noch 13 km bis Querfurt.

Querfurt

Die Stadt ist der nördlichste Punkt der ganzen Tour; ob man Querfurt noch zu Thüringen im engeren Sinne zählen darf, mag strittig bleiben. Denn die Querfurter Burg gehört nicht nur zu den größten und ältesten Burganlagen Mitteldeutschlands, sie zählt auch zu jenen seltenen Meisterwerken der Fortifikationskunst, welche über sehr lange Zeit stets aufs neue umgestaltet und so dem jeweils aktuellen Niveau der Belagerungstaktik angepaßt wurden. Um 850 (!) begann in Querfurt die Bautätigkeit, erst in den letzten Jahrzehnten des Dreißigjährigen Krieges endete sie – eine wahre Kleinigkeit von acht Jahrhunderten! Solche Prachtstücke läßt man nicht einfach aus, rollen wir also hinauf und betreten die Feste durch ihr Westtor.

Ein mächtiger Rundturm empfängt uns; der *„Dicke Heinrich"* wurde um 1075 errichtet und im 12. Jh. verstärkt – stehen tut er aber auf den Trümmern einer karolingischen Befestigungsanlage. Zwei weitere Türme kamen im 12. Jh. dazu: der sog. Marterturm zur Deckung der inzwischen erheblich verstärkten Südmauer und der Pariser Turm, um die am Talrand gelegene Nordfront zu schützen. Damit endete die zweite Bauphase, aber die Querfurter Grafen fielen nicht unter die „normalen" Burgfans. Sie waren begeistert, besessen und schreckten vor gar nichts zurück, auch nicht vor den Kosten ihres teuren Hobbys. Als Antwort auf die Verstärkung der Feuerkraft der Belagerungswaffen schufen sie um 1450 eine dritte, noch weiter vorgezogene Verteidigungslinie. Vor der Doppelmauer entstand ein tiefer Graben; die dazugehörigen, bis heute beinahe unversehrt erhaltenen Bastionen zählen zu den bedeutendsten Kreationen der spätmittelalterlichen Militätarchitektur. Ihre Plattformen dienten als Geschützstellungen; aus den unteren Geschossen konnten in den Graben eingedrungene Gegner unter Flankenfeuer genommen werden.

Etwa in der Mitte des Burghofes steht eine kleine, einschiffige romanische Kapelle, deren Grundstein nach neuesten Forschungsgrabungen bereits im Jahre 1004 gelegt wurde. In der im 14. Jh. der Nordseite des Langhauses angefügten Kapelle befindet sich ein Hauptwerk der deutschen Bildhauerkunst: die Tumba des Grafen Gebhardt XIV. von Querfurt, gestorben 1383. Sein Meister, dessen Name unbekannt blieb, gehörte der berühmten Schule Peter Parlers an, der bis zu seinem Tode die Bauhütte des Prager Veitsdomes leitete. Seine Schüler, die „Junker von Prag", trugen den neuen Stil in viele Länder Europas, das Gebhardts-Grabmal ist dafür ein schönes Zeugnis. Im Korn- und Rüsthaus der Burg befindet sich heute ein attraktives Museum, das über die Geschichte von Stadt und Burg informiert. Ein Modell der Anlage, sächsische und preußische Kanonen, Bock- und Hakenbüchsen des 16./17. Jh. sind zu sehen; daneben Holzplastiken, Landschafts- und Genrebilder niederländischer Meister des 17./18. Jh.

Erlaubt sei in diesem Zusamenhang die Erinnerung an Hermann Wäscher (1887–1961), der jahrzehntelang als Archäologe, Denkmalpfleger und Burgenforscher einen guten Teil unseres Wissens über Bau und Entstehungsgeschichte bedeutender mitteldeutscher Burgen erarbeitet hat. Sein Bericht über die Grabungsergebnisse von 1936–1940 auf der Burg Querfurt liest sich heute noch wie ein Kriminalroman. Zur weiteren Geschichte der Querfurter Burg nur soviel: Zum Zeitpunkt des Aussterbens der bauwütigen Grafen 1496 war die Schuldenlast derart angestiegen, daß die vergrämten Mansfelder Verwandten trotz bestehender Erbverträge die Übernahme der Hypothekenbombe ablehnten. Pacta non sunt servanta! möchte man in schwacher Abwandlung eines gern zitierten Satzes sagen. Das erledigte Lehen fiel an die Erzbischöfe von Magdeburg, die die Burg zum Wohnschloß ausbauten. 1635 wurde Querfurt kursächsisch, 1815 kam es an Preußen, wohin in Deutschland, von Geringfügigkeiten abgesehen, ohnehin alles kam.

Bevor man das Städtchen verläßt, sollte man im Gasthof Zum Goldenen Stern – gleich neben dem hübschen Rathaus – speisen. Der Barockbau sieht nicht nur irgendwie vertrauenerweckend aus, auch die Küche hält ein Niveau, das man – von der Burg selbstverständlich abgesehen – in Querfurt nicht vermutet.

Die Rückfahrt in Richtung Süden nach Freyburg soll auf der Straße Nr. 180 erfolgen, nach 12 km ist Karsdorf erreicht. Freunde, die unserer Route folgten, mögen die Schikane nachsehen – die Strecke wurde absichtlich so geplant, denn ein Blick auf Karsdorf und auf seine Umgebung ist in mancherlei Hinsicht lehrreich.

Im Werk Karsdorf wurde ein reichliches Drittel der Zementproduktion der DDR erbracht; zu Beginn der achtziger Jahre waren das immerhin wackere 4,5 Mill. t/a. Rohstoffgrundlage sind die Muschelkalktagebaue und ein Tonsteinaufschluß einsamer Dimension. Karsdorf verfügt über einen eigenen Großbahnhof, im Mittel waren täglich mehr als 12 000 t Zement abzufahren. So interessant die Schau auf den Karsdorfer Werkbereich in geologischer und möglicherweise technischer Hinsicht sein mag – was bleibt, ist der Eindruck einer zerstörten Umwelt.

Durchs Unstruttal führt die Fahrt nun nach Freyburg, es sind 15–16 km. In Höhe Laucha befindet sich rechterhand nur 2–3 km entfernt der von Botanikern gerühmte Bibraer Forst.

In *Laucha* wurden bis 1911 Glocken

Die Neuenburg in Freyburg

gegossen, die Gießerei konnte als Technisches Denkmal erhalten werden. Reizvoll ist auch der Blick auf eine erkleckliche Anzahl von Ackerbürgerhäusern mit schönen Portalen und Einfahrten, die das Stadtbild wesentlich prägen. Mehrere Winzerhäuser besitzen noch ihre alten Kellereingänge.

Freyburg

Laucha verlassend wird immer deutlicher, daß man in das bekannteste Weinbaugebiet auf vormals DDR-Territorium gelangt. Kurz vor Freyburg tauchen die rund 200 m hohen Schweigenberge auf; auf den steilen, zum Flusse gelegenen Flanken wachsen die Weinstöcke. Die warmen, südexponierten Talhänge des Unteren Unstruttales wurden schon im frühen Mittelalter für die Kultur der Rebe genutzt.

Heute sind Weinbau und Sektherstellung ein absolut selbständiger und bedeutender Wirtschaftszweig im Freyburger Gebiet, wenngleich die Anbaufläche kaum 300 ha beträgt. Gepflegt werden bekannte Sorten, so Müller-Thurgau, Riesling, Silvaner und Weißburgunder und die Rotweinrebe Portugieser. Die Ernte wird in der Freyburger Kellerei der Winzergenossenschaft verarbeitet.

Freyburg liegt am Ausgang eines sich zur Unstrut öffnenden Trockentales zwischen den flachen Ostabhängen der Schweigenberge und den steil und hoch zur Neuenburg am Westrand des Muschelkalkplateaus aufsteigenden Hängen. Stadt und Gemarkung sind uraltes Siedlungsgebiet; um 1203 wird die Stadt Vrieburge genannt. Die Kirchtorvorstadt zwischen Unstrutbrücke und Marienkirche ist einer der frühen Siedlungskerne nahe einer Unstrutfurt und im Schutze der gegen Ende des 11. Jh. errichteten Neuenburg.
Als Brückenkopfsiedlung war Freyburg nebst der Neuenburg der nordöstliche Eckpfeiler der Landgrafschaft Thüringen, die hier gegen die Bistümer Merseburg und Naumburg grenzte.

Bedeutendstes Baudenkmal der Stadt ist die *Marienkirche*, errichtet unter dem Thüringer Ludwig IV., der auf der Neuenburg residierte und gleichzeitig Stadtherr war. Im Kern ist die dreischiffige Hallenkirche noch spätromanisch, als Vorbild diente der im Bau befindliche Naumburger Dom. Ihre zwei Westtürme und der Vierungsturm, die das Stadtbild beherrschen, blieben aus der Gründungszeit unverändert erhalten, wie die romanische Westvorhalle mit Tympanonrelief. Der romanische Chor wurde um 1400 durch einen gotischen ersetzt, an die Stelle des ursprünglichen Langhauses trat ein spätgotischer Bau mit großen spitzbogigen Maßwerkfenstern und Strebepfeilern. Bemerkenswert die Harmonie des Bauwerkes, die aus dem mehrere Jahrhunderte währenden Schaffen rheinländischer, thüringischer und sächsischer Meister erwuchs.

Von der Stadtbefestigung ist die Mauer mit runden Wehrtürmen stellenweise gut erhalten, z. B. im Bereich des Eckstädter Torturmes. Zahlreiche Stadtbrände hinterließen nur wenige der alten Bürgerhäuser, so das zweistöckige Eckhaus Markt 14 mit dem schönsten Renaissanceportal an der Unteren Unstrut. Sehenswert sind auch die Superintendentur, das große Haus Markt 11 mit rundbogiger Toreinfahrt und die Ruine der Unstrutmühle in der Mühlstraße mit Spitzbogenportal und aufwendigem Wappenschmuck.

Von 1825 bis zu seinem Tode 1852 lebte der Begründer der bürgerlichen Turnbewegung, Friedrich Ludwig Jahn, als Verbannter in Freyburg. In seinem Haus Schloßstraße 11 befindet sich ein Museum, in dem an Leben und Werk des aufrechten Patrioten und Turnvaters der Nation erinnert wird.

Freyburgs Attraktion ist und bleibt aber die *Neuenburg*, gut 100 m oberhalb des Ortes. Auf einem Bergsporn bedeckt sie eine Fläche, die viermal so groß ist wie die der berühmteren Wartburg, die um die gleiche Zeit entstand. Als frühester Baubeginn wird heute das Jahr 1062 angenommen, vier Bauperioden konnte Hermann Wäscher nachweisen. Zur ursprünglich ovalen Kernburg mit rundem Bergfried, Kapelle und Wohnturm kam im 12. Jh. eine Vorburg dazu und ein zweiter Bergfried; der Wohnturm wurde zum Palas umgestaltet. In dieser Zeit – 1184 – 1188 – dichtete der führende Vertreter der frühhöfischen deutschen Epik, Heinrich von Veldeke, auf der Burg.

Zu Beginn des 13. Jh., als die Heilige Elisabeth häufig in Freyburg residierte, wurden die spätromanische Doppelkapelle, der stattliche Wohnturm Süd und der dritte Bergfried errichtet.
In der letzten Periode, von 1552 – 1557, entstanden der Fürstenbau und viele prächtige Säle und Treppenhäuser, aus der Burg wurde ein kurfürstliches Schloß.

Eine kulturgeschichtliche Kostbarkeit der Neuenburg ist Doppelkapelle, eine von insgesamt dreien in Mitteldeutschland. Ihr oberer Raum, die capella privata, beweist in der Einwölbung besondere Pracht: vier Kreuzgewölbejoche ruhen auf einer vierfach gebündelten Mittelstütze. In der capella publica, der Leutekapelle, ging es sehr viel schlichter zu, das gläubige Volk bescheidete sich in Demut mit soliden, einfachen Kreuzgratgewölben.

Wer für die Neuenburg Zeit und Muße aufbringt, entdeckt zahllose Schön- und Feinheiten, deren Aufzählung sich hier verbietet. Ein Beispiel mag für die Behauptung genügen: Die beiden Aborterker an der Schildmauer des romanischen Wohnturms der Kernburg sind durch einen Gang von den Wohnräumen getrennt und konnten von innen verriegelt werden! Auf der Neuenburg ging es kultivierter zu als auf den Burgen des niederen Adels. Nicht einmal die

Die Rudelsburg hoch über der Saale

die Reichsburg Kyffhausen verfügte über so luxuriös gestaltete Gemächer für die Befriedigung der elementaren Bedürfnisse des fürstlichen Stoffwechsels.

Bevor wir uns von Freyburg trennen, noch ein Wort zum Sekt. Die 1856 als Champagnerfabrik gegründete *Rotkäppchen-Sektkellerei* ist der bekannteste und wichtigste Betrieb der Stadt. Der Keller reicht fünf Stockwerke tief in die Kalkfelsen; in ihm befindet sich u.a. ein 120000 Liter fassendes Mischfaß aus dem Jahre 1895. Die Jahresproduktion von 10 Mill. Liter Traubensekt entspricht etwa der Hälfte des ehemaligen DDR-Aufkommens. Die importierten Sektgrundweine werden im Flaschen- wie im Tankgärverfahren verarbeitet; Obst-, Frucht- und Inlandtraubenweine ergänzen das Sortiment. – Selbstverständlich werden von der Kellerei diverse Führungen, Besichtigungen und Verkostungen veranstaltet, feine Schnäppchen angeboten.
Die Preise gelten zwar als moderat, doch lassen sich die Termine nicht immer mit den eigenen Plänen unter einen Hut bringen.

So kann es leicht geschehen, daß man Freyburg mit leichtem Kopf und deprimierend klarem Blick verläßt – auf einer miserablen Landstraße Richtung Südosten, auf der man nach 4 km das Dorf Großjena erreicht. Wer mag, fährt an der Unstrutbrücke vorbei und weiter den Fuß abwärts ca. 1 km bis zum Steinauerschen Weinberg. Hier findet er in den Kalksteinfelsen das sog. „Steinerne Bilderbuch", überlebensgroße Reliefs von 1722, darstellend u.a. die Hochzeit zu Kanaa, Lot und seine Töchter, Christus in der Kelter, Arbeiter im Weinberg.

Für die restlichen rund 5 km bis Naumburg empfiehlt es sich, die Unstrut auf der genannten Brücke zu überqueren, man kommt nach Kleinjena. Von hier aus benutzt man die Straße Nr. 180. In Höhe des Fleckens Roßbach mündet ca. 1600 m links der Straße die Unstrut nach 172 km Lauf in die Saale, die man einige Minuten später selbst überquert. Aber da grüßen von vorn schon die Türme der alten Domstadt Naumburg.

An der Saale hellem Strande: von Naumburg bis Jena

– 51 km –

Die Länge dieses Tourenabschnitts wird 51 km betragen, als Stationen sind vorgesehen: Naumburg, 0,0 km – Schulpforte, 4,0 km – Bad Kösen, 7,0 km – Camburg, 21,0 km – Dornburger Schlösser, 26,0 km – Bürgel, 39,0 km – Jena, 51,0 km.

Naumburg

Auf dem Kapellenberg von Kleinjena – oder dem Hausberg von Großjena; neuere Forschungsergebnisse weisen wohl eher auf Kleinjena – stand vor tausend Jahren eine Burg, die war der Stammsitz des mächtigen, an der Unstrut reich begüterten Grafengeschlechts der Ekkehardiner. „Eine Zierde des Reiches und eine Stütze des Vaterlandes" – so nennt Thietmar von Merseburg in seiner Chronik Ekkehard I., der 985 Markgraf von Meißen und Herzog von Thüringen wurde. Als Kaiser Otto III. im Jahre 1002 vor Roms Toren starb, bewarb sich Ekkehard um die Krone – und hätte sie haben können, wäre er nicht im Harzkloster Pöhlde ermordet worden. Seine Söhne verlegten ihren Sitz auf das rechte Saaleufer und gründeten auf einem Hügel über der Niederung des Flusses „Nuenburch" oder „Numburc", die „Neue Burg". Bischof Hildeward, von den Slawen immer wieder in seiner Sorbischen Mark bedrängt, nahm 1030 seinen Sitz in der Burg der Ekkehardiner. Sie wurde bischöfliche Residenz und Ausgangspunkt des gewaltigen Dombaues, den Hildewards Nachfolger betrieben.

So beginnt die Geschichte Naumburgs, einer Stadt, die durch ihre Lage am Strom und im Schnittpunkt von Königs- und Nürnberger Straße schnell Handel und Gewerbe entwickelte, zum überregionalen Umschlagsplatz ausländischer und einheimischer Waren wurde, aufblühte als Mittelpunkt des Wein-, Waid- und Bierhandels, der so bedeutend war, daß sie 1432 sogar der Hanse betrat.

Naumberg ist mehr als eine Reise wert, dem historisch Interessierten eröffnet sich in der Stadt und ihrem Umfeld eine einmalige Sicht auf die Kräfte, die in deutscher Geschichte wirkten. In geringster Entfernung befindet sich am linken Ufer ein Stück saaleabwärts Burg Goseck, Stammbesitz der sächsischen Pfalzgrafen; die Freyburger Neuenburg war die zweite, zuverlässigere Residenz der Thüringer Landgrafen. In Schulpforte, wenige Kilometer flußaufwärts, wirkte das erfolgreichste aller deutschen Zisterzienserklöster, das nach der Reformation als Hort humanistischer Bildung Weltgeltung erlangte. Noch eine Fußstunde weiter trotzen die Sperrburgen Saaleck und Rudelsburg hoch überm Fluß – sie hielten den Meißener Markgrafen den Weg nach Thüringen offen. Das Aufeinanderprallen und Ineinanderwirken von Fürstentum, Episkopat, Stadtbürger und Mönchstum zeitigte eine reiche Kultur mit weiter Ausstrahlung. Vergleichbares hat sich in deutschen Landen nur noch am Rhein abgespielt. So möge man denn den bestenfalls aufzählenden Charakter des Folgenden mit der Überlegenheit dessen tolerieren, der sich am Orte selbst umgeschaut hat.

Der *Dom St. Peter und Paul* begründete Naumburgs Ruhm in der europäischen Kulturgeschichte, die

)er Naumburger Dom

Naumburger Dom

Kreuzgang Naumburger Dom

Bilder der Kreuzigungsgruppe vom Westlettner und der Stifterfiguren aus dem Westchor sind um die Welt gegangen. Der große Wilhelm Pinder stellte den Naumburger Meister unter den Deutschen in eine Reihe mit Goethe und Beethoven.

Über den frühgotischen Baudekor, die Kapitelle, Blattfriese und Schlußsteine, über den Ostlettner – er ist der älteste vollausgebildet erhaltene Hallenlettner auf deutschem Boden – und die Krypta hier etwas anzumerken, kommt uns wenig sinnvoll vor.
Wer nach Naumburg fährt, wird den Dom aufsuchen und sein eigenes Erlebnis haben. An der Südseite des Domes befindet sich der Kreuzgang mit den Klausurgebäuden. Zahlreich sind die Kapellen und Kurien in der Bannmeile des Domes; die Ägidien- und die Bischofskurie sowie die frühgotische Johanniskapelle auf dem Domfriedhof seien genannt.

Vom Dom führt der Steinweg über den Lindenring in die Bürger-Altstadt, zu Fuß braucht man kaum eine Viertelstunde. Das Zentrum ist der Markt mit dem *Rathaus*, der *Stadtkirche St. Wenzel*, dem sog. *Schloß* und einer Vielzahl ansehnlicher Patrizierhäuser. Der spätgotische Bau des Rathauses mit seinen sechs Zwerchgiebeln, dem Blendmaßwerk und dem prächtigen Hauptportal von 1612 dominiert die Marktfront. Das Schloß, auch Residenzhaus genannt, entstand 1612 durch Vereinigung dreier Wohnhäuser; nach 1653 diente es Herzog Moritz von Sachsen-Zeitz zeitweilig als Residenz.

Sorgen die malerischen Giebel der Patrizierdomizile und das bürgerstolze Rathaus für städtebauliche Harmonie und Geschlossenheit, dann steht der mächtige Turm der *Wenzelskirche* für bürgerliche Selbstbehauptung gegen

aristokratische Domherrlichkeit.
Die dreischiffige Hallenkirche entstand im wesentlichen 1517 – 1523, wurde 1724 umgestaltet, 1945 arg beschädigt und später restauriert. Ein Phänomen ist die Raumwirkung im Inneren, nicht zuletzt wurde sie durch die bemerkenswerten Proportionen erreicht:
das Langhaus ist 33 m breit, doch mit 11 m (!) Länge extrem kurz.

Zu den Traditionen, die in der Stadt mit Hingabe und Begeisterung gepflegt werden, gehören der Taubenmarkt und das Kirschfest. Der *Taubenmarkt* findet Ende Januar statt, es wird nicht nur gehandelt, sondern vor allem auch getauscht. Trommler und Kröpfer, Strasser und Lerchen wechseln die Besitzer und die Käfige. Aber auch der Umsatz an Keramik und Steingut, Töpfen und allerlei Hausrat kann sich sehen lassen. Und natürlich der Verkauf von Würsten, Pfannkuchen und Schnaps in kleinen Flaschen. Der schnelle Schluck aus der Tasche ist beim Kaufbummel so angenehm wie beim eigenen Geschäft, schließlich ist es noch Winter und meistens kalt und jeder will durchhalten.

Das *Kirschfest* Ende Juni hängt mit den Hussiten zusammen, die 1432 vor der Stadt standen, 40 000 an der Zahl. Rache wollten sie nehmen für die Worte des Naumburger Bischofs, gesprochen vor dem Konstanzer Scheiterhaufen, auf dem Jan Hus verbrannt wurde. Barfuß und in weißem Hemdchen schickten die Naumburger ihre Kinder ins Hussitenlager vor den Toren, um Erbarmen zu erflehen.
Dem Hussitenführer Prokop wurde das Herz weich, er gab Pardon und an seine Soldaten den Befehl, die Kinder mit frischgepflückten Kirschen zu bewirten. So sagt es jedenfalls die Legende.

Schulpforte

Über Linden- und Wenzelsring fahren wir aus der Stadt heraus, Orientierungspunkt ist das Salztor, wo die Straßen nach Jena und Weimar abgehen. Wir folgen der Weimarer Straße und erreichen nach 4 km an einem markanten Knick Schulpforte.

Von der Höhe des Bergwinkels weit herunterreichende Buchenwälder und die uralte Mauereinfriedung des malerischen Fleckens lassen schnell den Eindruck verträumter Idylle entstehen. Allein, das Gefühl trügt, denn in der „Pforte“ ist jahrhundertelang mit großartiger Disziplin und nimmermüder Begier gelehrt und studiert worden.

„Ad portam“ – am Tor – wurde das Zisterzienserkloster St. Mariae de Porta 1136 gegründet. Mit „Tor“ ist der Torbogen zur Grabkapelle des Markgrafen Ekkehard aus dem Jahre 1002 gemeint; eingebaut in der Klostermühle ist er heute noch zu sehen.

Die Mönche entsumpften weite Strecken der Flußaue und gewannen fruchtbares Acker- und Gartenland. Fischteiche, Wiesen und Obstgärten wurden angelegt und Uferhänge mit Reben bepflanzt, die sich die Brüder aus den Stammklöstern in Burgund und in der Champagne kommen ließen. Von der Pforte ging der Weinbau im Saale-Unstrut-Gebiet aus und im Mittelalter war der Klosterwein der Pfortenser überall geschätzt, wo man ihn haben konnte.

Im Zuge der Säkularisation kam das monasterium portense in den Besitz der Sachsenkönige; 1543 wurde es – wie die von Meißen und Grimma – in eine der drei berühmten Fürstenschulen umgewandelt. Verpflichtet den Bildungsidealen der Reformation und des Humanismus, später der bürgerlichen Aufklärung, pflegte Schulpforte eine

Marktplatz Naumburg

progressive Geisteshaltung, Pfortenser Schüler galten als die bestausgebildeten in ganz Deutschland und machten den Namen der Pforte in der ganzen Welt bekannt.

Klopstock empfing in Schulpforte die Anregung zu seinem „Messias“. Zeit seines Lebens vergaß er nicht, was ihm die Fürstenschule bedeutete: „Du aber, Pforta, dessen Freundschaft und Lehre ich alles verdanke, mögest glücklich werden . . .“

An der Nordseite der Kirche und der Regel zuwider stehen die im Kern romanische Klausur und der Kreuzgang aus dem 12. Jh., am Ostflügel des Ganges befindet sich der Kapitelsaal, am Nordflügel der ehemalige Speisesaal. Das *Fürstenhaus* steht im Osten der Anlage, es ist ein schlichter Renaissancebau, Reste der romanischen Abtei wurden hier mit verbaut. Anschauen sollte man sich auch die *Klostermühle,* die *Friedhofslaterne* von 1268 (!) und die spätgotische Betsäule.

Das einstige Kloster, in dessen Archiv kostbare Schätze aus ruhmreicher Vergangenheit ruhen, ist heute Oberschule mit Internat.

„An dem stillbegrenzten Orte
Bilde dich, so wie's gebührt;
Jüngling, öffne dir die Pforte
Die ins weite Leben führt.“

Goethe hinterließ diese Zeilen, als er die Pforte besuchte.

Bad Kösen

Drei Kilometer sind es noch bis Bad Kösen, wo der älteste Wohnbau Mitteldeutschlands, das Romanische Haus, steht. „Cusne“ ist Kösens ältester Name, er bedeutet soviel wie Ziegenweide und weist auf eine slawische Siedlung hin. Jahrhundertelang war die Flößerei wichtigster Wirtschaftszweig des Ortes, Kösen war eine der großen Floßstationen der mittleren Saale. Die aus Thüringen kommenden Flöße wurden hier ausgesetzt und vermessen. Zwei Holzmessen gab es im Jahr;

Detail am Marktplatz Naumburg

zur Ostermesse lagen zuweilen 800 und mehr Flöße oberhalb des Wehres auf der Saale.

1730 entdeckte der kursächsische Bergingenieur J.G. Borlach die Solquellen, 1780 entstand das Gradierwerk. 1825 machte Goethes Arzt Christoph Wilhelm Hufeland, damals bereits Charité-Direktor, auf den Heilwert der Kösener Sole aufmerksam. In den Folgejahren drängten sich die Kurgäste, unter ihnen Marschner und Liszt, Fontane und Menzel, die gefeierte Schröder-Devrient.

Das *Romanische Haus* entstand zwischen 1032 und 1137 und diente dem Naumburger Bischof als Wirtschaftshof, bevor es als „Vorwerk Cusne" an die Pfortenser kam. Der Profanbau ist sehr gut erhalten und beherbergt ein Heimatmuseum.

Wir verlassen Kösen, ohne die Saale zu überqueren. In südöstlicher Richtung führt ein Fahrweg auf die Hochebene, über den Flecken Kukulau geht es nach Freiroda. Von hier ist es ein kurzer, aber jämmerlich steiler Aufstieg zur bewirtschafteten Rudelsburg.

Die um 1172 erstmals genannte Burg wurde volkstümlich wie kaum eine andere. Die Schönheit der Landschaft und die verkehrsgünstige Lage trugen dazu bei wie die Tatsache, daß auf ihr die bekanntesten und meistgesungenen Saale- und Burgenlieder entstanden. Der große Franz Kugler (1808–1858), Stettiner, Preuße, Kunsthistoriker schrieb als Jüngling auf der Rudelsburg sein Gedicht:

„An der Saale hellem Strande
Stehen Burgen stolz und kühn,
Ihre Dächer sind zerfallen
Und der Wind streicht durch die Hallen,
Wolken ziehen drüber hin."

Nach einer Melodie von Friedrich Fesca haben es Generationen in der Schule gelernt und gesungen.

Ein schmaler Muschelkalkfelsen, der nordwärts fast senkrecht ins Tal abbricht, trägt die Burg hoch über der

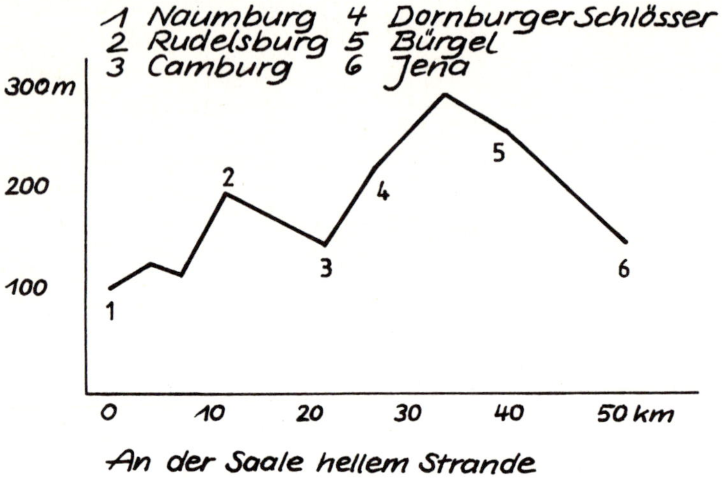

Saale; im Süden und Westen trennen ihn tiefe Schluchten von der Hochfläche. Ein idealer Platz für eine Burg, mit der die Naumburger Bischöfe den Engpaß, der in ihr Gebiet führte, sicherten. Später, unter den Meißener Markgrafen, bestand sie aus einer Vor- und einer Kernburg und war gut fünfmal so groß wie heute. Am 22. April 1348 wurde sie von den erbosten Naumburgern mit Steinschleudern und „Feuerbüchsen" beschossen und drei Tage lang belagert. Sie zerstörten sie so gründlich, daß von der Vorburg nichts und von der Hauptburg nur Ruinen blieben.

Was heute noch steht, sind erhebliche Reste und eine, inzwischen auch schon historische, gelobte Gastwirtschaft, die 1824 eingerichtet wurde. Ganz ursprünglich ist noch der quadratische Bergfried, 20 m hoch, mit 2 m dicken Mauern und sorgfältig aus Quadersteinen gesetzt. Die Sicht vom Zinnenumgang reicht nicht allzu weit, doch der Blick auf die Saaleschleife mit ihren zwei Brücken entschädigt allein für die Kraxelei. Wer ein wenig Phantasie besitzt, schaut nach Südwesten. Hinter Großheringen sieht er die Auerstedter Höhen und denkt an 1806, an einen Nebeltag im Oktober (der 14. war es). Der Auerstedter Teil der Doppelschlacht ging genauso verloren wie der in Jena.

Auf einer niedrigeren Kuppe der gleichen Zunge, die die Rudelsburg trägt, befinden sich die Reste von Burg Saaleck. Will man sie sich anschauen, muß man zu Fuß durch die Schlucht und den steilen Felshang wieder hinauf.

Im Schatten der Bäume vor dem Burgtor verschnauft man und – fotografiert! Von der Nachmittagssonne überstrahlt hebt sich die Silhouette der Rudelsburg scharf gegen den blauen Himmel ab; der Blick ins Tal umfaßt die saaleumschlungene Hof- und Gartenwelt des Dörfchens Saaleck.

Die Burg ist älter als ihre Schwester. 1922 wurden hier die Rathenau-Mörder Fischer und Kern gestellt; einer wurde erschossen, der andere nahm sich das Leben.

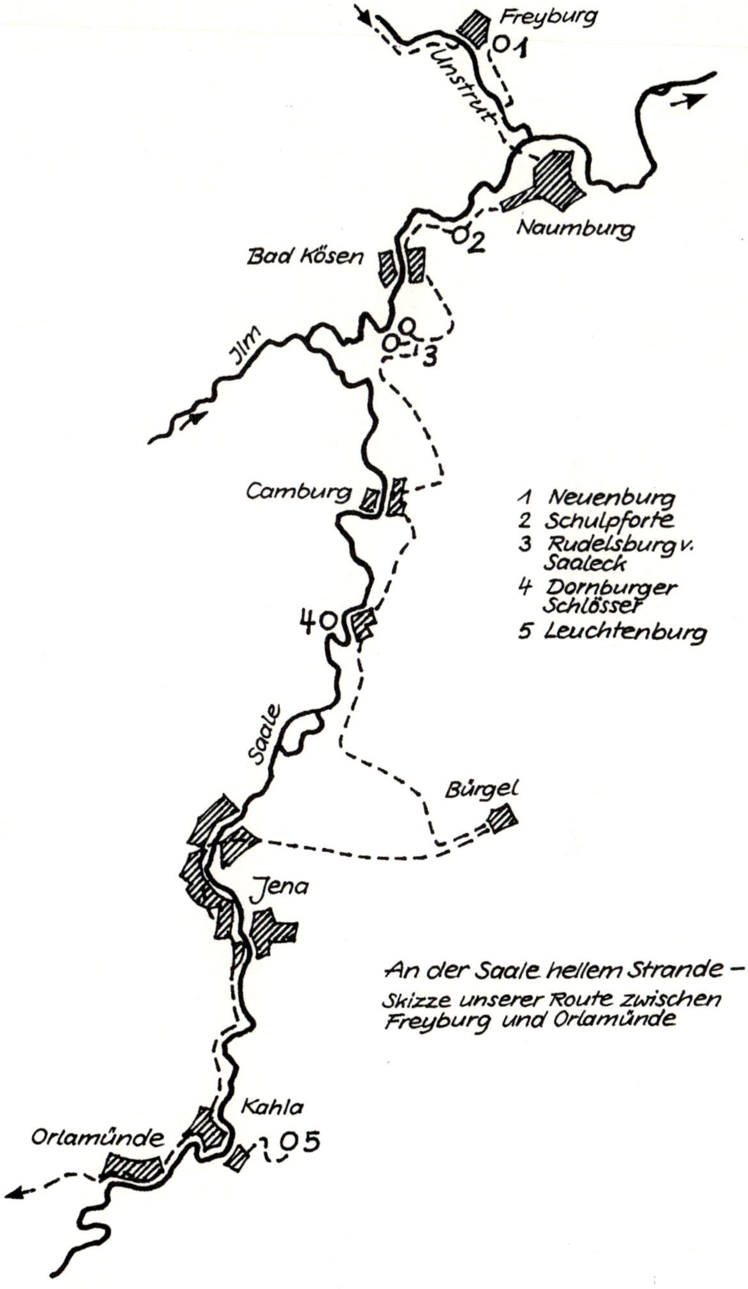

An der Saale hellem Strande – Skizze unserer Route zwischen Freyburg und Orlamünde

Camburg

Von den Burgen aus soll die Fahrt übers Land nach Camburg gehen, rechtssaalisch durch verschlafene Dörfer – Kreipitzsch, Schieben, Altlöbnitz; die letzten 2,5 km werden auf der Straße Nr. 88 Naumburg-Jena zurückgelegt.
Die Namen der Dörfer verraten ihren Ursprung – sie entstanden als slawische Siedlungen. Erst im 11. Jh. wurde das rechtssaalische Gebiet erobert, es kam in den Besitz der Grafen von Wettin und 1166 wird ihr „castrum Kamburch" urkundlich genannt. Zwei Burgen standen in Camburg, die obere auf dem Matzberg, ihr nicht ganz 40 m hoher wuchtiger Turm ist erhalten; die untere am linken Saaleufer dort, wo sich heute die neue Brücke befindet. Keller und Grundmauern der Häuser, die es hier noch gibt, sind Reste dieser ältesten Camburger Befestigung. Die Burgen deckten die Saalefurt und den Paßweg, der nach Osten ins Tal der Elster führte.

Camburg ist ein stiller, beschaulicher Ort, der vom Holz und der Landwirtschaft lebt, seinen Obstgärten und dem Weinbau, der wieder in Gang gekommen ist. Man kann das *Heimatmuseum* im Amtshaus besuchen, kann zur Burgruine hinaufpilgern und ins Saaletal schauen oder sich über die gedeckte Holzbrücke freuen, die die Mühllache überspannt; sie ist die einzige, die im Bereich der mittleren Saale erhalten blieb. Nordwestlich der Stadt, ca. 1,5 km entfernt und dicht neben der Straße nach Stöben, liegen im dichten Laubwald des Kirchberges versteckt die Reste der um 1110 von Erfurter Mönchen erbauten *Cyriakskirche*, einer Pfeilerbasilika, die sogar mit dem legendären Markgrafen Gero in Verbindung gebracht wird. Besuche hier sind jedoch nicht ungefährlich, in düsteren Nächten ist immer noch der „Leislauer Mönch" mit der Laterne unterwegs zu seiner Geliebten.
Die geisternde Zweitausgabe des Erschlagenen gilt als schlitzohrig und aggressiv.

Dornburger Schlösser

Südlich des Städtchens beginnt Goethes „engeres Reich", nur 5 km sind es noch bis zu den drei Dornburger Schlössern, die man nach Überquerung der Saale auf breiter Fahrstraße immer durch den Wald erreicht. Der Muschelkalkfelsen ragt 90 m über den Saalespiegel auf; wer nicht den Serpentinen der Straße folgt, sondern den direkten Weg von unten sucht, muß 285 Stufen steigen. Die einzigartige Existenz dreier Schlösser aus ganz verschiedenen Zeiten und in verschiedenen Stilen auf so engem Raum ist nicht nur im Saaletal ein Kuriosum.

Das nördliche oder Alte Schloß weist als Gemengbau romanische und spätgotische Komponenten auf, es ist eine unregelmäßige Dreiflügelanlage mit eingebautem Hauptturm. Das Mittlere Schloß ist ein eingeschossiger Barockbau von G. H. Krohne mit anderthalbgeschossigem Mittelteil und zwei Seitenpavillons; die Speise-, Fest- und Wohnräume weisen reiche Rokoko-Stuckdekorationen auf; bestes Porzellan aus China, Holland, Frankreich und Deutschland zählt zur Ausstattung. Das südliche oder „Goethe"-Schloß ist ein zweigeschossiger Renaissancebau von 1539, in ihm befinden sich die drei Goethe-Gedenkzimmer.

Dornburg beschert das stimmungsvolle Erlebnis eines Dreiklanges von Natur und Landschaft, Kunst und Dichtung und dreier Epochen deutscher Kulturgeschichte: Ernste Gotik, heitere Renaissance, verführerisches Rokoko.

Rokokoschloß, Dornburg

Dornburg, Rokokoschloß hoch über der Saale

Allee

Nähe Marksuhl

Universitätshochhaus Jena

thaus Jena

Nähe Jena

Jena: Studentengaststätte Zur Rose

Im Wechsel der Jahreszeiten schmückt sich die Landschaft mit leuchtendem Flieder im Frühling, prangenden Rosen im Sommer, goldenen Trauben im Herbst. Kein Wunder, daß soviel Schönheit häufig wahre Besucherströme anzieht. Wer also kann, besuche Dornburg am frühen Morgen oder späten Nachmittag im Vorfrühling oder auch im Spätherbst. Wenig praktikable Ratschläge, aber besseres ist nicht zur Hand.

Das Alte Schloß, gewichtig, abweisend und düster, repräsentiert ein Stück Mittelalter. Um 937 (!) wird die älteste Anlage erwähnt; die Sachsenkaiser schufen sie zur Sicherung der Ostgrenze des Reiches.

Hohe Zeit des palatiums waren das 10. und 11. Jh., als die Ottonen hier vier Reichstage abhielten. Spätere Herren waren die Orlamünder und die Schwarzburger Grafen; der letzte Eigner, der das Schloß auch bewohnte, war Carl Augusts Großvater Ernst, der Bauherr des Mittleren Schlosses. Das Alte Schloß ist heute ein Feierabendheim, eine Besichtigung wird jedoch meist gewährt.

Gottfried Heinrich Krohne, der das Mittlere, das „Rokokoschlößchen" entwarf, hatte geniale Ideen – seinem Landesvater fehlten lediglich die Mittel, sie zu realisieren. Dennoch entstand ein Kunstwerk, technisch (man beachte die Hanglage!) wie stilkritisch gesehen. Spätestens von dem Augenblick an, wo man im Festsaal unter dem farbigen Leuchter aus Venedig steht, sollte man sich ganz der Schaulust öffnen und sich von Stukkaturen, Farben, Porzellan und Mobiliar verführen lassen – vom Rokoko übers Empire bis zum Biedermeier. Vom 1. Dezember 1818 bis zum 6. Februar 1819 tagte im Marmorsaal der erste konstitutionelle Landtag Sachsen-Weimars – er war auch der erste in Deutschland.

Die Früchte von Carl Augusts floristischem Ehrgeiz sind in unseren Tagen dank sachkundiger Restaurierung neu erstanden – Taxus, Rosen, Malven und Wein und Virginischer Jasmin, wie ihn schon Goethe bewunderte, zieren Terrassen und Rabatten. Nicht umsonst wird Dornburg auch die „Blütenburg" genannt.

Von Park und Terrasse geht es überleitend zum Goethe-Schloß, das Karl August 1824 erwarb. Goethes Übersetzung des Wappenspruchs des letzten Bauherrn, eines Altenburger Landrentmeisters namens Zetsching, spricht für sich:

„Freudig trete herein und froh entferne dich wieder!
Ziehst du als Wandrer vorbei, segne die Pfade dir Gott!"

Das Schloß ist ein Schulbeispiel ausgereifter deutscher Spätrenaissance; der Ziergiebel und die geschwungene Turmhaube künden bereits vom nahenden Barock.

Mehr als zwanzigmal weilte Goethe während seiner fast sechs Weimarer Jahrzehnte in Dornburg. Als der 79jährige nach dem Tod des Herzogs Zuflucht auf den Schlössern suchte, entstand nach zehn Tagen der Trauer und Schwermut der berühmte Brief an den Obersten von Beulwitz. Ein Satz darf zitiert werden: „Die vernünftige Welt ist als ein großes unsterbliches Individium zu betrachten, welches unaufhaltsam das Notwendige bewirkt und dadurch sich sogar über das Zufällige zum Herrn erhebt." – Ohne Kommentar, den sich jeder selbst geben wird, verabschieden wir uns mit einer der nachgefügten Strophen zum Gedicht „Dem aufgehenden Vollmonde" aus Goethes Dornburg:

Dornburger Renaissance-Schloß

„Alle Tag und alle Nächte
Rühm' ich so des Menschen Los.
Denkt er ewig sich im Rechte,
Ist er ewig schön und groß."

Bürgel

Bürgel heißt die vorletzte Station dieser Tour; von Dornburg aus geht es direkt nach Süden über Golmsdorf, 7,0 km, bis zur Fernverkehrsstraße Nr. 7, auf ihr sind es ostwärts noch knapp 2,0 km bis Bürgel.

In dem kleinen Ort wird seit mehr als 300 Jahren getöpfert; glasiertes Bürgeler Steinzeug mit weißen Tupfen auf blauem Grund und der kobaltblauen Schürze wurde auf deutschen und ausländischen Märkten gehandelt. Im Keramikmuseum im „Badertor" – es steht seit 1234, das Fachwerktorhaus entstand nach 1754 – wird die Geschichte der Bürgeler Töpferkunst vom 17. Jh. an vorgestellt. Unter den mehr als 350 Stücken befindet sich auch die Ein-Meter-Bodenvase mit plastischem Dekor, die zur Pariser Weltausstellung 1900 eine Goldmedaille erhielt. In einige der Bürgeler Werkstätten darf man hineinschauen; der Besucherandrang ist zuweilen groß, so vor dem Brennofen aus dem 17. Jh. in der Töpfergasse 17. Drei Kilometer nördlich von Bürgel, am steilen Südosthang der Poxdorfer Höhe 355 m befindet sich ein kleines Naturparadies mit einer Vielzahl seltener und bestandsbedrohter Arten aus der Orchideenfamilie. Es ist ein einmaliges Bastardisierungszentrum; Wissenschaftler und Naturschützer kämpfen um seine Erhaltung.

Jena

Die 12-km-Fahrt von Bürgel nach Jena führt am Fuße des schön bewaldeten Höhenzuges Wöllmisse entlang, der sich bis zur Saale zieht. Hinter Großlöbichau beginnt das Tal des Gembdenbaches; zur Rechten streckt sich der Sattel des Jenzig 386 m bis an die Stadt

rnburger Rokokoschloß

heran; links, schon in Höhe von Jena-Ost, grüßt der Fuchsturm 378 m vom nördlichen Zipfel der Wöllmisse.
Über Eisenberger und K.-Liebknecht-Straße fährt man in die Stadt hinein. Die Saale wird überquert, die Reichsbahnhauptstrecke unterfahren; in Höhe der Friedrich-Schiller-Universität an der Saalstraße und der Schloßgasse ist man in der Altstadt.

„Donnerstags nach Belvedere,
Freitag geht's nach Jena fort.
Denn das ist, bei meiner Ehre,
Doch ein allerliebster Ort.
Samstag ist's, worauf wir zielen,
Sonntags rutscht man auf das Land,
Zwätzen, Burgau, Schneidemühlen
Sind uns allen wohlbekannt."

Fröhliche Verse Schillers, der in Jena Philosophie und Geschichte lehrte, am „Wallenstein" und der „Maria Stuart" schrieb. Fast alle seine großen Dichtungen sind mit Jena verbunden, der genius loci spukt im „Erlkönig" und im „Fischer". In Jena formte sich der Bund der beiden Klassiker; geringe Zeit später blühte hier die „Ältere Romantik" auf, wofür die Namen Schlegel, Tieck und Novalis stehen. Die Stadt war eines der Entstehungszentren der klassischen bürgerlichen Philosophie. Die „Allgemeine Literatur-Zeitung" verbreitete Kants Geist, Fichte verteidigte hier unerschrocken seine Vorstellung von der absoluten Freiheit des menschlichen Willens. Schelling entwickelte um die Wende zum 19. Jh. Positionen einer dialektischen Naturphilosophie, begründete mit Hegel das „Kritische Journal der Philosophie". Der wiederum erarbeitete in seiner Jenaer Zeit nichts Geringeres als die „Phänomenologie des Geistes". So wurde die Stadt Schauplatz nicht nur des Aufbruchs, sondern auch der Vollendung.

1806 schlug Napoleon vor Jenas Toren die preußische Armee, womit er dem alten friderizianischen Staat das Rückgrat brach. Ein Dutzend Jahre später formierten sich die Burschenschaften in der Stadt unter schwarz-rot-goldener Fahne, die sie zum Symbol der nationalen Einheit und der Freiheit des mündigen Bürgers erhoben. Der Jenauer Student Fritz Reuter wurde 1833 zum Tode verurteilt, dann zu dreißigjähriger Festungshaft begnadigt. Karl Marx promovierte 1841 als Externer in Jena; 1846 richtete der Mechaniker Carl Zeiss seine „Mechanische Werkstatt" ein; in den sechziger Jahren schuf Ernst Abbe die Theorie der mikroskopischen Abbildung und baute Geräte, die der Naturwissenschaft neue Dimensionen eröffneten. Otto Schott entwickelte die optischen Gläser dazu; 1889 entstand die Carl-Zeiss-Stiftung.

Einer der Mentoren der Burschenschafter, Professor Lorenz Oken, gründete 1822 noch von Jena aus die „Vereinigung der Naturforscher Deutschlands", die erste nationale Organisation der Naturwissenschaftler, bevor er der Reaktion wich und Rektor der Züricher Universität wurde. In der Stadt focht Ernst Haeckel für Darwin und die Evolutionstheorie; wichtige Parteitage der Sozialdemokraten fanden in Jena statt. Umfangreiche Mittel aus der Carl-Zeiss-Stiftung bewirkten, daß die Alma mater Jenensis jahrzehntelang zu den führenden akademischen Stätten Europas in Medizin und Naturwissenschaften gehörte.

Im Sommer 1940 besaß der Zeiss-Konzern nach stiller Absprache mit dem Gauleiter Thüringens ein eigenes Kriegszielprogramm, mit dem das Weltmonopol in den Branchen Feinmechanik/Optik anvisiert wurde.

Rathaus Jena

Dies allerdings scheiterte, während die Vernichtung des größten Teiles der Altstadt durch britisch-amerikanische Bomberverbände vorzüglich gelang. Gauleiter Fritz Sauckel, der zu den bedeutensten Führungskräften des Dritten Reiches gehörte, wurde in Nürnberg verurteilt und 1946 hingerichtet.

In der DDR-Zeit entwickelte sich der Zeiss-Betrieb zu einem der weltgrößten Unternehmen in seinem Zweig mit mehr als 20 000 Beschäftigten; das Arzneimittelwerk Jenapharm und die Glasfabrik Schott & Gen. gehörten zu den Großbetrieben der DDR, deren Erzeugnisse internationaler Konkurrenz zu trotzen vermochten.

Schauen wir uns um in Jena und beginnen wir mit Friedrich Schiller. 1789, wenige Tage vor den großen Ereignissen in Frankreich, hielt der Dichter im überfüllten größten Hörsaal der Stadt seine berühmt gewordene Antrittsrede: „Was heißt und zu welchem Ende studiert man Universalgeschichte“. 1794 begannen Freundschaft und Zusammenarbeit mit Goethe, ein Jahr später bezog Schiller Quartier im Griesbach-Haus, das 1945 zerstört wurde. Der Schillergarten ist so die einzige erhalten gebliebene Wirkungsstätte des Dichters in Jena. Im Turmhäuschen entstanden wesentliche Teile des „Wallenstein“.

Goethe hielt sich häufig in der Stadt auf, teils in amtlicher Funktion, vor allem jedoch, um in der „Klausur auf dem Blumen- und Pflanzenberge“ des Botanischen Gartens ungestört arbeiten zu können. Partner waren der Mediziner Loder und der Chemiker Döbereiner. 1784 entdeckte Goethe den Zwischenkieferknochen des Menschen, eine Gedenktafel am „Anatomieturm“ erinnert daran. Das ehemalige Inspektorhaus des Botanischen Gartens in der Goetheallee wurde als Museum eingerichtet. Zentrum des geistigen Lebens dieser Zeit war das Haus des Verlegers

Fromann in der Goetheallee 18, in dem sich Gelehrte, Literaten und Künstler trafen.

Im Umfeld des Marktes wirft man einen Blick auf das *Rathaus*. Der im Kern spätgotische Bau wurde 1775 barock verschönt, nach 1945 restauriert. In die Vorderfront des aus ursprünglich zwei Hallen bestehenden Gebäudes wurde ein barocker Turm mit Haube und Laterne eingefügt; zwei parallele Walmdächer decken das Ganze. Die Kunstuhr und das Figurenspiel stammen aus dem späten 15. Jh. Ansehenswert im Inneren des Hauses sind die große Ratsdiele und der Barockraum von 1683. – In der *„Göhre“*, einem spätgotischen Haus am Markt, wird eine ständige Ausstellung des Stadtmuseums über Jenas Entwicklung von den Siedlungsanfängen bis zur Gegenwart gezeigt.

Die *Pfarrkirche St. Michael* – mit ihrem Bau wurde um 1390 begonnen, sie gehörte zu einem Zisterzienser-Nonnenkloster – besitzt ein Gaudi eigener Art. Unter ihrem Chor befindet sich eine Durchfahrt, sie ist eines der „Sieben Jenenser Lokalwunder“. Zu den weiteren „Wundern“ zählen der Kopf des „Schnapphans“ über der Rathausuhr, der siebenköpfige Drache, der Berg – gemeint ist der Jenzig –, der Fuchsturm und das Weigelsche Haus. Der Wunderbau des Universalgelehrten Weigel (1625 – 1699; Erhard Weigel war Mathematiker, Astronom, Philosoph und Erfinder und lehrte im Sinne Descartes den Anspruch der Mathematik gegenüber allen anderen Wissenschaften) fiel 1898 dem Abriß zum Opfer; das Draco-Monster, eine bemerkenswerte Kreation aus Knochen, Draht und viel Gips, steht im Museum.

In der Pfarrkirche findet man übrigens die ursprünglich für Wittenberg bestimmte Bronze-Grabplatte Martin Luthers und ein hölzernes Standbild des hl. Michael aus dem ersten Drittel

Botanischer Garten in Jena

Blick auf das Universitätshochhaus

Im Botanischen Garten

des 13. Jh., genannt „Angelus Jenensis“. Die Stadt besitzt auch einen „Penis Jenensis“, Sie haben sich nicht verlesen. Die illustre Bezeichnung gilt dem architektonisch besonders öden sog. Universitätshochhaus, einem leider nicht zu übersehenden 120 m hohen Betonschaft, der 1970–1972 entstand. Fürchte dich nicht! spricht der Herr.

Das soll auch nicht tun, wer vor dem Hanfried stehen bleibt. Der entschlossen-deutsche Blick des Alten geht weit über das gemeine Volk zu seinen Füßen hinweg. Man soll sich auch durch das mächtige Schwert nicht täuschen lassen; Zeit seines Lebens zog der Kurfürst das gedruckte Wort anderen Formen der Auseinandersetzung vor. Johann Friedrich, genannt der Großmütige, gründete 1558 die Universität, die zum Segen der Stadt wurde. Dreihundert Jahre danach wurde das Denkmal, Friedrich Drake schuf es, auf seinen neugotischen Muschelkalksockel gestellt.

Das *Romantikerhaus*, nicht weit vom Markt entfernt, stammt aus dem 18. Jh. und war das Wohnhaus J. G. Fichtes. Die museale Gedenkstätte macht mit dem Wirken des Jenenser Romantikerkreises bekannt, zu dem neben den Schlegel-Brüdern auch Ludwig Tieck, Novalis und der junge Clemens Brentano gehörten. Was man sich in Jena nicht entgehen lassen sollte, ist ein Besuch im *Optischen Museum* am Carl-Zeiss-Platz. Zwar trifft man dort nicht auf die Großen der Welt, die ohnehin nicht mehr unter den Lebenden weilen, hat aber – nehmen Sie es cum grano salis – Gelegenheit, durch ihre Brille zu schauen. Mehr als 13000 Einzelstücke sind im Besitze des Hauses, immerhin 1000 davon werden gezeigt.

Sie demonstrieren u. a. Geschichte und Entwicklung von Brille, Fernrohr und Mikroskop; die Brillensammlung gehört zu den bedeutendsten der Welt.

Die berühmte *„Villa Medusa"*, Ernst Haeckels Wohn- und Arbeitsstätte, befindet sich in der Berggasse 7, leicht zu erreichen über die Schillerstraße. Zum Besitze des Hauses zählen die Bibliothek, beinahe alle Manuskripte und mehr als 800 Aquarelle, Ölgemälde und Zeichnungen des 1919 verstorbenen großen Gelehrten. Unter den gut 30 000 Briefen befinden sich auch Handschriften von Charles Darwin und vielen anderen bedeutenden Wissenschaftlern der Epoche. Haeckel war nicht ganz 60 Jahre in Jena tätig; schaut man sich im Arbeitszimmer um, fragt man sich mit einem Anflug von Verzweiflung, kraft welcher Arbeitswut und welchem Enthusiasmus seinerzeit ohne Computer und ohne ein weltumspannendes Informationssystem ein wissenschaftliches Leistungspensum absolviert wurde, welches heute ganze Mitarbeiterstäbe in Streß und Hektik stürzte. Von solchen fortschrittsfeindlichen Gedanken geplagt, muß man bestimmt nicht auch das *„Phyletische Museum"* aufsuchen, obwohl es sich lohnte; Haeckel gründete es vor knapp 100 Jahren, und sein Spitzenrang in Europa ist unbestritten. Nein, man zieht sich schleunigst in Jenas alte Universitätsgaststätte zurück und gönnt sich in der „Rose" vorsichtshalber erst einmal ein Bier. Oder hält es mit Schiller und geht auf Distanz. Heraus aus der Stadt und hinauf auf den Jenzig, wo vor den Metgermanen schon Illyrer und Kelten kräftig feierten. Wer die falsche Ausfahrt nach „oben" erwischt, ist auch gut dran – er kommt auf den Hausberg, da steht der Fuchsturm. Das höchste der Jenaer Wunder ist Gegenstand lokalpatriotischer Verklärung, „auf dem Fuchsturm" ist man fröhlich und gelassen, die Sorgen bleiben im Tal. Die mehr als tausendjährige Geschichte der drei Hausberg-Burgen und ihr vormaliger Ruhm als Reichsdomäne, königliche Pfalz und Christianisierungsstützpunkt sind hinreichend bekannt und allgegenwärtig, jedenfalls muß darüber nicht gesprochen werden. Auf dem Fuchsturm geht es nicht akademisch, sondern volkstümlich zu.

Im Reiche der Klassik: über Orlamünde nach Weimar – 59 km –

Knapp 60 km lang soll diese Tour werden, die zuerst saaleaufwärts bis Orlamünde führt, sich dann nach Westen wendet und von Großkochberg aus nordwärts, bis ins Tal der Ilm. Die wichtigsten Stationen sind: Jena, 0,0 km – Kahla/Leuchtenburg, 13,5 km – Orlamünde, 19,5 km – Großkochberg, 32,0 km – Bad Berka, 49,0 km – Belvedere, 55,5 km – Weimar, 59,5 km.

Das Profil der Fahrt wird durch die Übergänge aus dem Mittleren Saaletal ins Bad Berkaer Buntsandsteinland und von dem ins Ilmtal geprägt. Zur Orientierung eine Vorschau: Saaleufer Kahla 162 m – Buchberge Orlamünde 409 und 446 m – Blassenberg/Luisenturm nördlich Großkochberg 526 und 515 m – Höhenweg über den Scheitel der Ilmplatte kaum unter 450 m – Ortslage Bad Berka im Ilmtal um 270 m. *Wir verlassen Jena auf der Straße Nr. 88 in Richtung Göschwitz, unterqueren westlich der großen Saaletalbrücke die Autobahn und fahren durch Kahla.* Die ursprünglich wohl serbische Siedlung wurde von den Franken germanisiert; im Mittelalter gewann sie als Grenzstützpunkt der Markgrafen militärische Bedeutung.

Kahla

Drei Dinge verbinden sich heute mit Kahlas Namen: die schöne waldreiche Umgebung; die einst in ganz Deutschland bekannt gewesene Leuchtenburg und das Porzellan, das für Kahlas Ruf in der Welt sorgte. Die Porzellanfabrik Kahla AG entstand 1888, bildete 1922 den Kahla-Konzern, nach 1929 den Strupp-Konzern. In den Stollen des Walpersberges befanden sich 1944/45 Fabrikationsanlagen der REIMAHG-Werke, ca 15000 ausländische Zwangsarbeiter schufteten hier; mehr als ein Drittel von ihnen kam ums Leben. REIMAHG: Reichsmarschall Hermann Göring. Die Kahler Porzellanwerke waren vor dem Kriege Deutschlangs größter Hersteller von Geschirr- und Elektroporzellan.
Wer durch die teilweise erhaltene Ackerbürgerstadt auf dem schmalen Stadthügel bummelt, stößt auf den doppelten Zug der Ringmauer mit zwei Wehrtürmen und die alten Handwerkerhäuser. Die Werkstatt ist im Vorderhaus untergebracht, Stall und Heuboden befinden sich im Hinterhaus. Ansonsten gehört die Zeit in Kahla der *Leuchtenburg*, auch „Königin des Saaletales" genannt.

Durch winklige Gäßchen steuert man hinunter zur Saalebrücke, am anderen Ufer geht es auf in weiten Bögen ansteigender Straße wieder hinauf. Die Fahrstrecke beträgt etwas mehr als 3 km; der Anstieg kann sich sehen lassen: von 162 m auf genau 400 m. Der Dohlenstein an der Flußseite, der Lichtenberg in der Mitte, der Pfaffenberg im Osten – diese drei Muschelkalkgipfel bilden das Plateau; auf dem Lichtenberg thront die Leuchtenburg.

Die Herrenburg diente Wohn- und Repräsentationszwecken und verkörperte den Typ der feudalen Standesburg auf der Höhe deutscher Burgenzeit. Bauherr war ein Lobdeburger Graf, der den Lichtenberg 1216 als Wohnsitz nahm. Die Sachsen machten ihn später zum Verwaltungssitz, die Burg über-

Die Leuchtenburg bei Kahla

stand den Dreißigjährigen Krieg; 1724 wurde sie umgestaltet – zum Armen-, Zucht- und Irrenhaus. Jugendherberge ist sie seit 1919 – dies ist sie erfreulicherweise bis heute geblieben.

Ein 12 m tiefer Graben trennt den doppelten, 4 m hohen Mauerzug mit gezinntem Wehrgang und schweren Flankierungstürmen. Die vier Wehrtürme stehen auf der Sohle des Burggrabens, sind aber nur vom Innenhof über schmale Pforten zugänglich. Der Marterturm war Gefängnis, der „Schleier" war Waffenkammer, der sog. Kleiderturm diente als Rüstkammer, und im Münzturm wurde geprägt, was das Zeug hielt. Mittelpunkt der Burg ist der runde Bergfried, einer der schönsten Burgtürme ganz Thüringens. Sein Unterbau stammt aus der Gründungszeit. Der Turm ist 30 m hoch, die Mauerdicke beträgt 2,35 m, der Durchmesser 8,65 m. Sein Eingang lag 12 m über dem Niveau des Burghofes. – Im jetzigen Herrenhaus aus dem 18. Jh. befindet sich das Museum. Seine Exponate gelten der Geschichte der Burg und des Weinbaues an der Mittleren Saale – sog. Pilgerflaschen aus dem 14. Jh. und eine Einspindelkelter aus dem 17. Jh. sind zu sehen – und vor allem der Geschichte des Thüringer und besondes des Kahlaer Porzellans. Eine thüringische Bauern- und eine Henkelmacherstube komplettieren das niveauvolle Angebot.

Höhepunkt jeden Leuchtenburg-Trips sind die Turmbesteigung und der Blick von diesem wahren „Luginsland" weit hinein nach Thüringen. Wer in der Herberge übernachtet, wird es kaum tun, ohne zuvor den Weinkeller besucht zu haben.

Orlamünde

Schnell sind die 6 km auf der Straße im Saaletal bis Orlamünde gefahren. Der Ort zieht sich lang am Rande der Hochebene hin und besteht eigentlich nur aus einer einzigen, zum Markt erweiterten Straße. Orlamünde ist eine Doppelsiedlung; mitten im unteren Ortsteil Naschhausen zweigt der Fahrweg zur „Oberstadt" ab und windet sich in Serpentinen hinauf auf den Sandsteinfelsen, 70 m hoch über dem Fluß. Oben steht auf freiem, begrünten Platz düster, schmuck- und fensterlos der viereckige Koloß der *Kemenate*. Sie ist eine der ältesten Wehranlagen des Saaletales; hoch wie ein Turm und breit wie ein Kastell war sie Wohnturm, Bergfried und Palas zugleich, letzter, sicherster Zufluchtsort für Herrschaft und Gesinde.

Die Burganlage der Grafen von Weimar-Orlamünde stammt vermutlich aus dem 11. Jh; 1071 wurde sie zum

Seitenroda: idyllisches Dorf unterhalb der Leuchtenburg

ersten Mal urkundlich genannt. Die fünf Stockwerke der Kemenate waren nur durch eine heute vermauerte, 10 m über dem Boden liegende Öffnung in der Ostseite zu erreichen. Jedes Stockwerk war ein einziger, saalartiger Raum: die Heizkamine, die „caminata", gaben diesem Gebäudetyp ihren Namen.

Die Orlamünder Grafen waren einst reich und mächtig, sie residierten in Weimar und auf der Plassenburg bei Kulmbach. Eine kostspielige Hofhaltung und die Zugehörigkeit zur antiwettinischen Opposition verdrängten sie aus der Geschichte; nach dem Thüringer Grafenkrieg 1342 bis 1346 kauften die Wettiner die Grafschaft auf. Die Burg verfiel, einzig die Kemenate überdauerte, jahrhundertelang als Speicher für das Zinsgetreide genutzt. Burganlage und Altstadt waren ursprünglich ummauert; durch das stattliche Obertor geht es hinaus in die Vorstadt. Von der Höhe hat man einen schönen Blick auf die enge Durchbruchschlucht der Orla am gegenüberliegenden Ufer.

Unsere Route nach Großkochberg führt zunächst durch das reizvolle stille Tal des Hexengrundes, der sich von Engerda bis hinunter nach Zeutsch an der Saale zieht. Wir verlassen Orlamünde genau westwärts auf dem Weg nach Heilingen, er verläuft nördlich des Fleckens Winzerla und südlich der beiden Buchberge. Heilingen liegt am Wiedabach im Hexengrund, wir fahren bis Rödelwitz und von da durch den Kohlgrund hinauf zum Schloßberg (390 m) mit der Ruine der Burg Schauenforst. Ein alter Kammweg, wie woanders auch „Hohe Straße" genannt, zog hier von Neckeroda nach Osten zur Saale, mitten durch die herrlichen Wälder.

Teile der Hohen Wehr, die Vor- und Hauptburg trennte, stehen noch, auch das Tor der Hauptburg, teils spätromanisch, teils frühgotisch. Völlig erhalten

Einsame Linde bei Hummelshain

und interessantester Teil der Ruine ist der stattliche Bergfried, ein Musterexemplar seiner Gattung. Er ist 25 m hoch, die Mauerstärke mißt 2,23 m. Auch sein Eingang lag hoch über dem Boden, 9 m, erreichbar nur per Leiter.

Die stark befestigte Burg war einst sehr begehrt, unbekannt sind ihre Bauherren. Das Ensemble von Hoher Wehr, Burgtor und Bergfried, würdig und altersgrau und mit der üppigen Natur scheinbar verwachsen, bietet ein so malerisches, romantisches Bild, daß man die Hinauffahrt nicht bereuen wird.

In *Engerda* steht mitten im Dorf, von hohen Bäumen umgeben, eine romanische *Chorturmkirche* des 12. Jh. Sie ist eine der zahlreichen Kirchen im Hexengrund, in denen sich wertvolle Flügelaltäre des 15./16. Jh. erhalten haben. Der Altar der Engerdaer Kirche im gotischen Chor wird einer Saalfelder Schnitzwerkstatt zugeschrieben, aber die farbenfrohen Tafeln weisen auf Nürnberger Einfluß hin, schnell wird man an Dürer erinnert.

Naturfreunde werden sich freuen, von einem besonderen Kleinod der anmutigen Muschelkalkhöhen zwischen Ilm und Saale zu hören: hier brütet an mehreren Stellen der Uhu; die kleine Population gilt seit einigen Jahren als stabil. Zu danken ist das in erster Linie dem selbstlosen und unermüdlichen Einsatz einer Handvoll Menschen, die jahrelang tags wie nachts dafür unterwegs waren. Keine 4 km nördlich Engerda kann man am Südhang des Weißenberges sehr schön die Schichtenfolge der hiesigen Muschelkalklandschaft studieren. Wer in den Wäldern ringsum herumstreift, möge es mit Bedacht tun und die Sorgen aller, die sich für den Erhalt der noch naturnahen Landschaft mühen, respektieren.

In *Großkochberg* betritt man das Reich der Frau von Stein.

„Ich bin in meinem Dasein und meinen Hoffnungen wie zwischen

Dorf Langenorla

Himmel und Erde aufgehangen."

So Goethe an die Liebste in einem Brief vom 5. Juli 1777. Später, aus Italien, heißt es einmal:

„Ich stehe viel gegen das Fenster, wo ich Dich hinter den Bergen denke, meine Liebste! Mein Glück!"

Zwischen Goethes erstem Besuch im Dezember 1775 und dem letzten, schmerzlich-kühlen am 5. September 1788 nach der Rückkehr aus Italien liegen die „Kochberger Tage", in denen der Meister gedichtet und gezeichnet, an der „Iphigenie" und dem „Tasso" gearbeitet und geliebt und gelitten hat.

Das *Schloß*, ehemals eine Wasserburg, gehört hauptsächlich der Renaissance an; ältester Teil ist der Südflügel, das „Hohe Haus". Vier Stockwerke besitzt der massige Bau, aber auch meterdicke Mauern, Tonnen- und Kreuzgewölbe, die noch aus der Zeit vor dem 16. Jh. stammen. Freundlicher wirken die drei anderen Flügel mit ihren stilvollen Renaissanceformen: der treppenförmig hochschwingende Giebel des Westflügels fällt besonders ins Auge. Die holzgedeckte Brücke am Westbau führt über den Burggraben in den Schloßpark. Hier steht das von Charlottes ältestem Sohn Karl gebaute klassizistische Liebhabertheater. Badehäuschen, Teiche, Blumen und ein Obstgarten, Grotte und Leinwandhäuschen laden zum Verlustieren ein; die Gestaltung des Parks ist ein schönes Zeugnis der nachklassischen, der romantischen Periode.

In den Räumen im ersten Obergeschoß des Schlosses sind Möbel, Gemälde, Zeichnungen und Kunstgegenstände aus Charlottes Besitz zu besichtigen. Eine Zimmerflucht ist Goethe gewidmet; hier steht auch der von ihm selbst entworfene kostbare Schreibtisch, den der Weimarer Meister Preller für Charlotte fertigte. Das gesamte Interieur – Öfen, Tapeten, Porzellan – rührt jeden an, der sich mit Goethe und dieser Periode seines

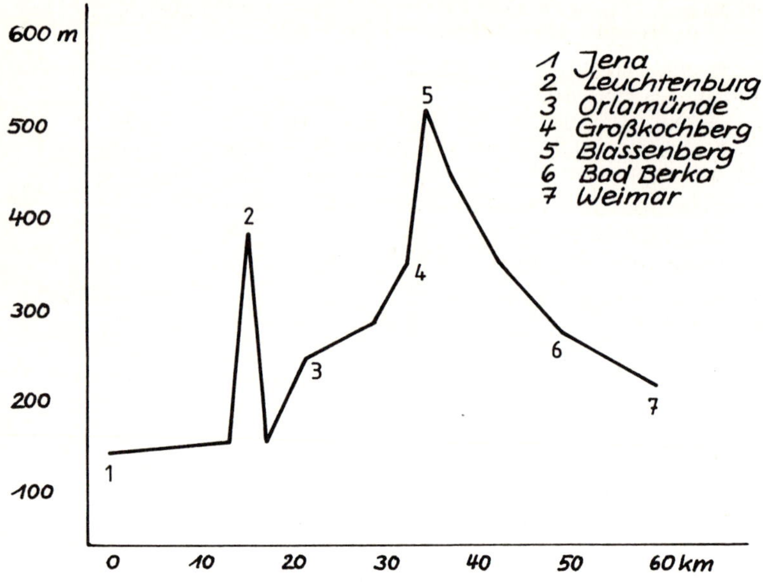

Lebens einmal beschäftigt hat, wie auch die Portraits, Landschaften und Scherenschnitte, unter ihnen Charlottes Selbstbildnis von 1790 zwischen zwei Spiegeln, eine bekannte Silberstiftzeichnung.

Um es nicht zu vergessen: die Platte des steinernen Tisches auf Großkochbergs zum „Goetheplatz" stilisierten mauerumhegten Dorfanger ist ein Waidstein, letztes Überbleibsel einer Thüringer Waidmühle. Und der Schnitzaltar in der Großkochberger Kirche ist wieder ein sehenswerter, Drachentöter Michael und Maria mit dem Einhorn sind dargestellt.

Nach der Muße ist physisches Engagement gefragt; die Strecke bis Blankenhain führt über den Blassenberg (526 m); die Weiterfahrt auf der Hochfläche gen Neckeroda und Lengefeld bringt nur geringen Niveauverlust. Blankenhain liegt immer noch 340 m hoch am Ostrande des Tannrodaer Sattels. Wälder umgeben den freundlichen und stillen Ort, in dem ein ansehnliches Schloß steht. Das schöne Tor mit Erker und Wappen laden zum Eintreten ein; Porzellanfreunde werden sich den Besuch kaum entgehen lassen, die Sammlungen sind umfangreich, immerhin besteht die Blankenhainer Manufaktur seit 1780.

Bad Berka

Von Blankenhain bis Bad Berka sind es gerade 7 km, man legt sie auf der Straße Nr. 85 zurück bis Neu Saalborn, fährt dort links ab in den Dammbachsgrund hinein und weiter mit Gefälle ins Ilmtal – so bleibt man immer im Wald.

1813 begann in dem Heil- und Kurort der Badebetrieb; Goethe trug durch sein entschlossenes Gutachten erheblich zum erfolgreichen Start bei. Das Badehaus mit der Goethestube im alten, von Coudray erbauten und 1825 eingeweihten Kurhaus erinnert daran. Der bereits 1898 gegründete Heilstättenkomplex für Tuberkulosekranke erlangte in der Zeit zwischen den beiden Weltkriegen internationalen Ruf; nach 1945 wurde er angesichts der Tbc-Notlage weiter ausgebaut.

Im südlichen Vorfeld Weimars geizt das Ilmtal wahrlich nicht mit landschaftlichen Reizen und anmutigen Idyllen, die Luft ist gut und sauerstoffreich; allerdings nimmt der Verkehr nun rasch zu, was nach der beschaulichen Stille im Ilmplattenland natürlich auffällt.

Von Bad Berka bis Weimar haben wir knappe 11 km gerechnet; wir wollen den Ort nicht über die Straßen Nr. 85 oder Nr. 87 verlassen, sondern dem Hauptwanderweg folgen, der zunächst genau nach Norden zu den Ruinenresten der Berkaer Burg führt. Hier biegt er nach Nordost ab, verläuft links der Ilm durch den Wald und kommt beim Dorfe Buchfart heraus. Die überdachte Holzbrücke über die Ilm existiert seit dem 17. Jh.; mehrfach erneuert, wird sie heute noch im Zuge der Fernverkehrsstraße Nr. 87 genutzt. Wir kehren von der Brücke zurück auf den Wanderweg, nach Unterquerung der Autobahn sind es noch anderthalb Kilometer bis zum Schloß Belvedere.

Der 1724-1732 entstandene, um 1739 vollendete Barockbau von Richter und Krohne diente den Weimarer Herzögen zeitweilig als Sommerresidenz, in den zwanziger Jahren unseres Jahrhunderts wurde er als Rokoko-Museum eingerichtet. Der zweigeschossige Mittelbau hat Risalit und Attika, auf dem Dach ein Belvedere mit Kuppel; symmetrisch angeordnete Kavaliershäuser flankieren das Schloß. 1756 entstand die Belvedere-Allee, wenig später wurde der Garten angelegt, dessen Umgestaltung zu einem Landschaftspark geschah dann schon unter Goethes tätiger Mitwirkung. Wer sich hier umschaut, sollte auch die Muße haben zu genießen und zu belächeln. Zahllose Bauten, Kleinarchitekturen, eine künstliche Ruine und natürlich eine Orangerie warten. Die Wagen, die Goethe und sein Herzog Carl August auf ihren Reisen benutzten – hier stehen sie, historisch-technische Raritäten, die für sich selbst sprechen.

Weimar

Man kann diese Stadt nicht auslassen. Obwohl die Versuchung, sich zu drücken, groß ist. So viel wäre zu schreiben, mitzuteilen, zu empfehlen – allein die Situation entbehrt nicht der Groteske. Den Geist der Klassik beschwörend fällt einem vielleicht gerade ein Ziegel aufs müde Haupt, der meint, seine Zeit sei abgelaufen. Oder ein Brocken Putz von zwanzig Pfund. Fünf Minuten vor zwölf – nirgends in Thüringen empfindet man es mit solcher Bitternis wie in Weimar. Bauzäune, Absperrungen, Umleitungen begleiten einen auf Schritt und Tritt, scheinbar oder tatsächlich vergessene Kräne stehen geduldig im Regen. Im Schloß blättert es von Wänden und Decken; die Säle, auf die man sich womöglich gefreut hat, sind gesperrt. Die städtische Obrigkeit verwaltet leere Kassen.

Am Nachmittag gereizte Kellner in den verstopften Cafés, unterwegs zwei vernagelte Imbißstuben, später Nobelkarossen vor dem „Elephant“, einst als gediegenstes Interhotel der DDR gerühmt. Alter Schliff eben, erklärte uns eine Österreicherin noch im April des Wendejahres. Die charmante Dame, mit mindestens siebzig Lenzen begabt, versicherte lächelnd:
Ich komme jedes Jahr, um hier meinen Ilmfrühling zu erleben. Und die Stadt, wissen Sie – allein der Staub im Theater! Nobel . . . Und die Insznie-

rungen sind immer noch gut. Sprach's und verschwand. Was wird heute in Weimar inszeniert? Von Plänen und Maßnahmen kann man jeden Tag in der Zeitung lesen, ob der Zuschnitt ausreicht, wird sich erst in Jahren erweisen. Die Luft zumindest ist bis dato eher schlechter geworden, dafür sorgen schon die Autokarawanen, denen es auf unerklärliche Weise gelingt, in die Stadt einzudringen und sie irgendwann sogar wieder zu verlassen, um den Nachfolgenden Platz zu machen ...

Um so schwerer wiegt der zu vermeldende Trost: auch die Radler sind zahlreicher geworden. Wir stießen am Marktplatz auf Belgier, Ungarn und Dänen, und vor dem Cranach-Haus versicherte uns ein junger Mann aus Göttingen, dies sei nicht sein letzter Trip hierher gewesen. Er strahlte etwas wie Optimismus aus.

Diese Stadt bekommt keiner tot! Der Kaiser hat es nicht geschafft, Hitler nicht, und die letzten Parteibonzen sind auch gescheitert. Ein Weimarer Pensionär nickte erregt. Nach uns die Sintflut! Das haben die geglaubt! Nie und nimmer! Wir drückten unsere Hoffnung aus, er möge rechtbehalten: Schauen wir also ...

Zwischen einer Burg am Ufer der Ilm – heute steht da das Schloß mit der sog. *Bastille* – und der ältesten Siedlung im Bereich der Jakobskirche gründeten die Orlamünder Grafen die Stadt. 1373 kam sie an die Wettiner, bei der Landesteilung reichlich hundert Jahre später an die Ernestiner. Von 1547 an war sie bis 1918 ständige Residenz des in seinem territorialen Bestand oft veränderten Herzogtums von Sachsen-Weimar, das 1815 zum Großherzogtum aufstieg. 1775 übernahm Herzog Carl August die Regierung; Goethe übersiedelte nach Weimar. In der nachklassischen Zeit ist Weimar Wohnsitz zahlreicher Künstler; 1919 tagt in der Stadt die Nationalversammlung, die Weimarer Verfassung wurde verabschiedet, Deutschland wurde Republik. Das Weimarer Theater wird im gleichen Jahr in den Rang des Deutschen Nationaltheaters erhoben; Walter Gropius gründet das Bauhaus. Von 1920 bis 1952 ist Weimar Hauptstadt des Landes Thüringen; nach 1945 wird die Stadt Sitz der Nationalen Forschungs- und Gedenkstätten der klassischen deutschen Literatur, der Hochschule für Architektur und Bauwesen und der Franz-Liszt-Hochschule für Musik.

Länger als ein Jahrhundert war Weimar unangefochtener Mittelpunkt deutschen Geisteslebens. Immer noch gilt das Jahr 1777 als eine Sternstunde – der Aufklärer Christiph Martin Wieland gab seine Stellung in Erfurt auf und wurde Prinzenerzieher an Anna Amalias Hof; durch ihn kam Goethe nach Weimar. Dessen Ruf wiederum folgte nur ein Jahr später Herder; um die Wende des Jahrhunderts ließ sich Schiller endgültig in der Stadt nieder, Jean Paul blieb für zwei wichtige Jahre.

Solche Namen führen leicht dazu, daß andere in den Hintergrund geraten. Lucas Cranach d.Ä., der seinem Kurfürsten treu in die Verbannung gefolgt war und mit ihm zurückkehrte, verbrachte das letzte Lebensjahr in Weimar. Im 17. Jh. war die Stadt Wirkungsstätte des Palmenordens, der sich um die Reinigung und Pflege deutscher Sprache sorgte. Der Pagenhofmeister und Gymnasialprofessor Carl August Musäus hinterließ uns fünf Bände „Volksmärchen der Deutschen", im Kirms-Krackow-Haus ist ihm wenigstens ein Zimmer gewidmet. – Am Ursprung eines regelrechten Stammbaumes glücklicher Entwicklungen

;edenkstätte Buchenwald

Gotha: Kleines Gäßchen

hloß Belvedere, Weimar

Buchenwald: Mahnmal für die Lebenden

Frühling am Rennsteig

Die Leuchtenburg bei Kahla

Einsame Linde bei Hummelshain

steht der Weimaraner Franz Liszt. Der Hofkapellmeister verbarg den aus Dresden geflüchteten Richard Wagner, kümmerte sich um Berlioz und setzte sich mit seinem „Neu-Weimar-Verein" demonstrativ vom erstarrenden „klassischen" Kulturleben ab. Im Umkreis dieses Zirkels aber entstand die Weimarer Kunstschule, später Ausgangspunkt des Bauhauses. Auf van de Velde folgt Gropius, der zog Kandinsky, Klee, Schlemmer in die Stadt und Moholy-Nagy, Feininger, Marcks ...

Da aber haben sich die Zeiten längst geändert. Zwar tagen noch immer die Goethe- und die Shakespeare-Gesellschaft in der Stadt, doch wenige Jahre später läßt Wilhelm Fricke, Innenminister der Landesregierung, die Feiern zu Goethes 100. Todestag schon als „Stunde der Volksgemeinschaft" zelebrieren. Ungehört verhallt Thomas Manns Warnung vor dem Faschismus.

Die Mehrzahl der Stätten, die mit Leben und Werk der Großen verbunden sind, steht heute unter Denkmalschutz. Mancher Besuch in dem einen oder anderen Museum wird vielleicht weitere Nachschau an anderer Stelle auslösen. Wir wollen zunächst die Bannmeile der Altstadt nicht verlassen.

Die *Jakobskirche* im Winkel von Goetheplatz und Friedensstraße ist nicht so interessant wie ihr Friedhof. Im Kassengewölbe wurde Schiller zuerst bestattet; geblieben sind die Grabstätten von Lucas Cranach, von Goethes Frau Christiane und von Musäus. Das Bertuchhaus ist ein klassizistischer Bau; der „Allerweltskerl von Weimar" ließ es sich von vornherein als Wohn- und Geschäftshaus einrichten. Heute ist es Sitz des Stadtmuseums, in 17 Räumen wird Weimars Entwicklung vorgestellt; Friedrich Justin Bertuch, Fabrikant, Finanzmann und Verleger,

Lucas-Cranach-Haus, Weimar

wird als Förderer des Sozialwesens und der Volksbildung gewürdigt, Verlagserzeugnisse seines „Comptoirs" liegen aus, u. a. Exemplare des „Journal des Luxus und der Mode", Europas erster Modezeitschrift.

Das *Kirms-Krackow-Haus* in der Jakobstraße hat einen gemütlichen Hof mit hölzerner Galerie, Hausgarten und Teehaus. Im klassischen Weimar war es eins der gesellschaftlichen Zentren; in der 2. Etage befindet sich das Herder-Museum. Die „Ideen zur Philosophie der Geschichte der Menschheit", Herders Hauptwerk, entstand in Weimar. Herder starb am 18. Dezember 1803; in der sog. *Herderkirche*, eigentlich Stadtkirche St. Peter und Paul, befindet sich der Sarkophag. Der große gemalte Flügelaltar mit Lucas Cranach d. Ä. und Martin Luther wurde 1555 von Cranach d.J. vollendet.

Das *Deutsche Nationaltheater* war ursprünglich ein Barockbau, aber der

Goethe-Schiller-Denkmal vor dem Staatshaus Weimar

brannte 1825 ab. Coudrays klassizistischer Neubau mußte 1907 wegen Baufälligkeit abgebrochen werden; das Theater entstand zum dritten Mal – nunmehr in seiner heutigen Gestalt. 1945 brannte es aus, 1948 wurde es wieder eröffnet. – Vor dem Theater steht seit 1857 das weltweit bekannte Goethe-Schiller-Denkmal von Rietschel.

Im *Schillerhaus* wohnte der Dichter von 1802 bis zu seinem Tode am 9. Mai 1805. Im Mansardengeschoß des 1777 erbauten Hauses befinden sich die historisch getreu rekonstruierten Wohn- und Arbeitsräume mit Schillers klassizistischem Schreibtisch und Teilen seiner Bibliothek. Das Haus ist Memorialstätte und Teil des Schiller-Museums am Frauenplan.

Goethes Haus ist ein einfacher, zweigeschossiger Barockbau von 1709; beinahe ein halbes Jahrhundert, von 1782–89 und von 1792 bis zu seinem Tode, diente es dem Dichter als Stätte, eingrichtet „nicht zum Wohlleben, sondern zu möglicher Verbreitung von Kunst und Wissenschaft“, wie er 1806 gegenüber dem Herzog betonte. 14 Räume des Hauses blieben so erhalten, wie sie von Goethe und Christiane eingerichtet wurden. Die „Wanderjahre“, die „Wahlverwandtschaften“ und der „Faust“ entstanden im Haus am Frauenplan.

Das *Cranach-Haus* am Markt ist ein stattlicher dreigeschossiger Renaissancebau, 1549 für den Schwiegersohn des Malers errichtet. Die beiden Zwerchhäuser und die reiche Gliederung des Erdgeschosses sind immer noch eine Augenweide; von der Fassade wurden große Teile im 19. Jh. geändert.

Das *Weimarer Schloß* ist Sitz der Staatlichen Kunstsammlungen und der Direktion der Nationalen Forschungs- und Gedenkstätten. In guten Zeiten kann in mehr als 70 Räumen Kunst gezeigt werden: Gemälde, Plastiken, Kunsthandwerk. Das Studienkabinett mit der Grafischen Sammlung besitzt

Goethe-Schiller-Gruft, Alter Friedhof-Weimar

rund 60 000 Handzeichnungen und Druckgrafiken, darunter Stücke von Dürer, Cranach, Rembrandt, Feininger. – Schon zu Ernst Augusts Zeiten war die Gemäldegalerie berühmt; zu den vertretenen Meistern gehören Veronese, Tintoretto, Rubens, Füßli, Tischbein, Schwind, Böcklin, Liebermann, Beckmann. Nördlich vom Schloß befindet sich jenseits der Kegelbrücke das 1896 erbaute *Goethe- und Schiller-Archiv*, an der Südseite des Platzes der Demokratie das ehemalige Fürstenhaus, heute *Franz-Liszt-Hochschule*.

An der Ilm

Von der Höhe des Schlosses schaut man schon nach Süden ins Ilmtal, dessen Umgestaltung in einen Landschaftspark nach Ideen und unter Mitwirkung Goethes 1778 begann. Der letzte der großen Gestalter, der unübersehbar seine Spuren hinterließ, war der Fürst von Pückler-Muskau, nach seinen Plänen wurde um die Mitte des vergangenen Jahrhunderts manches neu arrangiert.

Den Bau des *Römischen Hauses* auf der Höhe des Westufers betrieb Goethe im Auftrag des Herzogs. Der Meister ließ viele baukünstlerische Elemente einfließen, die seinem Italienerlebnis verpflichtet waren. Sehenswert die Möbel des Parkhauses, drei Stile sind vertreten: Louis-seize, Empire und Biedermeier. Gemälde, Büsten und schönes Porzellan komplettieren das behagliche Bonvivant-Interieur provinziellen Zuschnitts. In den Räumen, die Carl August einst als Schlaf- und Ankleidekabinett dienten, wird heute über die Geschichte des Ilmparkes informiert.

Am Ostufer befindet sich Goethes Gartenhaus, ein schlichter Bau aus dem 17. Jh., von 1176–1782 diente es Goethe als ständiger Wohnsitz. Der größte Teil der Ausstattung besteht noch aus den originalen Möbeln; im Gartenhaus arbeitete der Meister an der „Iphigenie“, am „Tasso“, am „Wilhelm Meister“. Auch „Wanderers Nachtlied“ und „An den Mond“ enstanden hier.

Jugend vor dem Goethe-Schiller-Denkmal

Im Park von Schloß Tiefurt

Schloß Belvedere

Auf dem Wochenmarkt

Russisch-Griechische Kapelle

Einladende Haustür

Altes Bürgerhaus

Schloß in Weimar

Schönes Bürgerhaus in Weimar

Außerhalb des alten Stadtkerns

Südlich des Frauenplans, über die Steubenstraße hinweg und auf der Allee in Richtung Belvedere gelangt man schnell zum *Liszt-Haus* in der Marienstraße und der Hochschule für Architektur und Bauwesen in der Geschwister-Scholl-Straße. Letztere wird von Interessenten wegen des sog. *van de Velde-Baues* aufgesucht; das berühmte Treppenhaus findet man im Mittelteil des Hauptgebäudes.

Das Liszt-Haus entstand 1798 als Hofgärtnerei; dem Meister muß es zugesagt haben, knapp zwanzig Jahre fühlte er sich hier wohl. Für Verehrer ein unersetzliches Erlebnis: die Klaviere im Arbeitszimmer sind die, an denen Liszt saß; Speise- und Schlafzimmer wurden rekonstruiert. Die Ausstellung im Erdgeschoß stellt das Leben des Komponisten und sein Wirken in Weimar in den Vordergrund.

Nahegelegen ist der *Historische Friedhof* vor dem Frauentor. Eine Lindenallee führt zur Gruft im klassizistischen Kuppelbau, der 1824/25 nach Plänen Courdrays errichtet wurde. In dem von Kandelabern erhellten Gewölbe der Gruft stehen die Sarkophage Goethes, Schillers und des Großherzogs. Hinter der Gruft findet man die Russisch-griechische Kapelle, Grabstätte der Großherzogin Maria Paulowna; das Erbbegräbnis der Familie von Goethe und die Grabstätten Eckermanns und der Frau von Stein. Das Denkmal der Märzgefallenen, 1921 von Walter Gropius geschaffen und von den Nationalsozialisten 1933 zerstört, wurde 1945 wiedererrichtet.

Im Nordosten Weimars befindet sich *Schloß Tiefurt*. Anna Amalia wählte das einfache Landhaus zu ihrem Sommersitz, es wurde der Musenhof des klassischen Weimar.

Gute 7 km nordwestlich von Weimar befindet sich der schön bewaldete Ettersberg, ein 478 m hoher weitläufiger Muschelkalkrücken. Hier entstand

Goethes Gartenhaus

neben Dachau und Sachsenhausen das dritte große Konzentrationslager für männliche Häftlinge. Um die Erinnerung an die wertvollen kulturellen Traditionen des Ettersberges nicht zu belasten – gedacht war u. a. an Jagdschloß und Landschaftspark Ettersburg auf der Nordseite des Berges – erhielt das Lager auf Ersuchen der Feingeister in der NS-Kulturgemeinde den fröhlichen Namen „KZ Buchenwald". Das ehemalige Gelände wurde 1954–1958 museal ausgestattet und ist Nationale Mahn- und Gedenkstätte; die wesentlichen baulichen Elemente sind der 50 m hohe Glockenturm, die Straße der Nationen, der sog. Stelenweg und das Museum auf dem ehemaligen Lagergelände. In Buchenwald starben Kanadier, Belgier, Russen und Franzosen; Kriegsgefangene und Zwangsarbeiter; deutsche Pastoren und Sozialdemokraten; Kommunisten vom Rhein und aus Sachsen; polnische Juden, Zigeuner aus Griechenland, Fischer aus Norwegen. Greise, Männer, Jünglinge und Kinder . . .

Wer aus Goethes Weimar nach Buchenwald kommt, wird auch an die Worte des alten, erblindeten Faust denken: Auf freiem Grund mit freiem Volke stehen. Die Stätte mahnt den Bürger dringlich, wach zu sein für die tätige Bewahrung des hohen Menschheitsgutes Demokratie.

So läßt sich eine erste Umschau beenden; Weimar-Kenner werden mißbilligend vermerkt haben, was alles ausgelassen wurde. Kein Wort über die Dante-Gesellschaft, den Schillerbund, über Nietzsche, Jean Paul, den Bildhauer Adolf von Donndorf, die Baumeister Krohne und Coudray. Nichts über Schillers arge Zeit im „Weißen Schwan"; nichts über die bemerkenswerte Vergangenheit des Parkhotels, einst „Gasthof zum Erbprinzen", traditionelles Quartier der Gäste des klassischen Weimar. Nichts vom „Elephanten" und dem „Russischen Hof"...

Aus dem Ilm- ins Schwarzatal: über Arnstadt, Paulinzella, Bad Blankenburg nach Rudolstadt

– 97 km –

Zur Idee dieses Routenabschnittes gehört, nach der „klassischen" Ruhe in Weimar wieder in Tritt zu kommen. Die Tour ist so gelegt, daß man drei, beinahe vier Landschaftsbereiche kennenlernt. Von Weimar aus geht es in das südliche Thüringer Becken, von da ins obere Ilmtal und aus diesem ins Schwarzatal, das wir erst an der Mündung der Schwarza in die Saale verlassen. Ein schöner Bogen, der mit seiner südlichen Wende schon den hohen Thüringer Wald streift. Die wichtigsten Stationen sind: Weimar, 0,0 km – Arnstadt, 35,0 km – Paulinzella, 55,5 km – Königsee, 64,5 km – Obstfelderschmiede im Schwarzatal, 73,0 km – Schwarzburg, 80,5 km – Bad Blankenburg, 88,5 km – Rudolstadt, 97,0 km.

Es wird Höhen und Tiefen geben; die Ausfahrt aus Weimar erfolgt bei ca. 240 m, der Riechheimer Berg ist 513 m hoch, Ortslage Arnstadt um 270 m; der Singener Berg im Ilmtal erreicht 582 m. Die Meuselbacher Kuppe am Ende der steilsten Bergbahn der Welt für Normalspur bringt es auf 789 m; die Saaleaue in Höhe der Einmündung der Schwarza liegt bei 201 m. Knapp 80 % der Strecke verlaufen durch Wald.

Wir verlassen Weimar durch das freundliche Kirschbachtal, unterqueren hinter Obergrunstedt die Autobahn und wenden uns gen Troistedt. Die Steigung ist mild, jedoch beharrlich; die Troistedter Flur liegt schon bei reichlich 350 m. Hinter dem Westausgang des Ortes beginnt der Wald, der Fahrweg geht nach Gutendorf, auf der Landstraße kommen wir über Meckfeld nach Klettbach. Das Dorf verläßt man am Südausgang, fährt genau nach Süden hinauf auf den Eichberg (478 m), bleibt auf der Höhe, ein wenig steigt es noch – und nach Südwest hinauf auf den Riechheimer Berg (513 m). Der Wald ist frisch, die Luft ist in Ordnung, man atmet auf. Bis zum Ort Riechheim sind 18,5 km zurückgelegt, erfreulicherweise ohne Besichtigungen. Von Riechheim geht es in Südwest weiter auf einem Fahrweg über Elleben nach Elxleben – zur Abwechslung mit Gefälle, der Ort liegt tief in der Niederung der Wipfra. Die mündet gar nicht weit entfernt bei Ichtershausen in die Gera! Das Ausrufezeichen, weil wir schon eine interne Wasserscheide überwanden – aus dem Einzugsgebiet der Ilm, die direkt in die Saale mündet, sind wir in das Gebiet der Gera gekommen. Die gehört zwar auch zum Saalenetz, mündet aber nach langem Nordmarsch zuerst in die Unstrut.

Arnstadt

Das Wipfratal fahren wir hinauf bis Alkersleben, von da über Dornheim hinein nach Arnstadt. Die Stadt, am Austritt der Gera aus dem Plaueschen Grund anmutig zwischen die Kalksteinvorberge des Thüringer Waldes gebettet, rühmt sich einer der frühesten urkundlichen Erwähnungen auf thüringischem Boden: 704 erscheint der Ort als Arnestati. Der Frankenherzog Heden II. übereignete dem Bischof Willibrord von Utrecht in Arnestati einen Hof, der sich vermutlich an der Stelle befand, an der später Schloß Neideck errichtet

athaus Arnstadt

Marktplatz Arnstadt

wurde. Mit der von den Franken erwünschten Mission in Thüringen begann allerdings nicht Willibrord, sondern, wie wir in Ohrdruf sahen, Bonifatius. Die grundherrliche Marktsiedlung bekam 1266 Stadtrecht; die Bürger lebten vom lokalen Handel mit Wolle, Getreide, Holz und natürlich mit Waid. 1332 ist die Stadt Alleinbesitz der Schwarzburger Grafen; bis 1918 bleibt Arnstadt Nebenresidenz und Verwaltungszentrum des Südteiles von Schwarzburg-Sondershausen. Stöhnen Sie (oder auch nicht!), in der Stadt ist viel anzuschauen. Beginnen wir im Zentrum, Unterm Mark und am Holzmarkt.

Nach dem Vorbild niederländischer Bauten entstand das Rathaus, eine schöne Schöpfung im Geiste der Renaissance von 1581–1583. Die Marktfront glänzt besonders mit reichgeschmückten Volutengiebeln und einem Portal mit dem Stadtwappen. Die Skulpturen in den Nischen sind Arbeiten des Meisters der Erfurter Neuwerksmadonna, um 1370/80. Die Galerie an der Ostseite des Marktes ist der ehemalige Tuchhändlergaden.

Von 1703 bis 1707 wirkte *J.S. Bach* als Organist in Arnstadt; in der Gedenkstätte, Markt 3, ist der originale Spieltisch seiner Orgel zu sehen. Auf dem Alten Friedhof der Stadt befinden sich die Gräber von 24 Angehörigen der Bachfamilie. Wer hinaufgeht, wird auch das Grab des berühmt gewordenen, 1871 gestorbenen Schriftstellers Willibald Alexis finden („Ruhe ist die erste Bürgerpflicht“, „Die Hosen des Herrn von Bredow“.)

Vom Rathaus schaut man in westlicher Richtung auf die ehemalige Papiermühle, ein Bürgerhaus von 1633; dahinter steht die *Liebfrauenkirche*, ein Kleinod nicht nur Thüringens.
Begonnen wurde der Bau der dreischiffigen Basilika im Übergangsstil etwa um 1215–1235, genaue Daten sind nicht bekannt. Der Wandel von der Romanik

Am Markt, Arnstadt

zur Gotik prägt das Bild. Alle drei Schiffe haben dreiseitigen Schluß; die Nordseite prunkt mit zwei reichen Portalen, eines davon mit einem Tympanonrelief (Kruzifix mit Kaiser Otto und Erzbischof). Die Türme in der Westfront haben achteckige Aufsätze und von kleinen Giebeln eingefaßte Pyramidenhelme; der dritte Turm, über dem Ostjoch des Langhaus-Mittelschiffs, verkörpert den Typ der spätromanischen Vierungstürme.

Nur wenige Schritte sind es zur *Oberkirche*. Sie gehörte zu einem um 1250 gegründeten Franziskanerkloster, nach dessen Aufhebung im 16. Jh. erhielt sie ihre reichverzierten Einbauten. Eine doppelte Empore und ein Adelsstand, jeweils mit bemalten Brüstungen sowie ein prunkvoller Fürstenstand gehören dazu. Von der Ausstattung sind ein Altaraufsatz, die Kanzel, ein Taufstein mit Baldachin und der geflügelte Gedenkaltar für Günther den Streitbaren zu nennen.

Im Südosten des Gadens – Unterm Markt – befinden sich der *Riedturm* der alten Stadtmauer und der *Jakobsturm* der abgebrochenen *Pilgerkirche*. Besonderer Anziehungspunkt für Fotografen ist das phänomenale Haus *Zum Großen Christophorus*. Sein Kern stammt noch aus dem 15. Jh., das Fassadengemälde des Heiligen ist von 1574; Christophorus war auch Schutzpatron der Fuhrleute.

Den *Schloßplatz* mit dem neuen Palais erreicht man über den Holzmarkt oder die Erfurter Straße. Der Barockbau entstand 1728–1735 als fürstlicher Witwensitz. Man müßte ihn nicht unbedingt gesehen haben, jedoch – er beherbergt heute die Schätze des Arnstadter Schloßmuseums und die bestehen aus den vorzüglichen Sammlungen der Fürsten des 17. und 18. Jh. Kostbare Meißner Porzellane, Dorotheentaler Fayencen, chinesische Kleinplastiken, Brüsseler Bildteppiche gehören dazu und – die in der Welt einmalige Puppenstadt Mon Plaisir. Vom holzhackenden

Tagelöhner bis zu Ihrer Durchlaucht in gepuderter Perücke, von der kochlöffelbewehrten drallen Meistersgattin bis zur lüsternen Kammerjungfer tummeln sich mehr als 400 Wachsfiguren in ca. 80 Schaukästen. Frappierend die Genauigkeit, mit der geschnitzt, geklebt, angezogen und bemalt wurde. Die kulturhistorische Kostbarkeit eröffnet einen faszinierenden Einblick in das Leben einer kleinen Residenzstadt vor 250 Jahren. Geschaffen wurde das Wunderwerk zwischen 1690 und 1750; angeregt hat es die Fürstin. – Unter den Brüsseler Bildteppichen gelten die Gobelins der vergnügten Affen als Unikat.

„Thüringen besuchen und Arnstadt nicht sehen gleicht einer verlorenen Reise". Man muß dieser Sentenz, die aus einer älteren Chronik stammt, Gültigkeit bescheinigen. Verabschieden wollen wir uns nicht, ohne einer so einmaligen wie einsamen Frau zu gedenken, deren Grab auf dem Alten Friedhof ein halbes Jahrhundert lang heimlicher Wallfahrtsort zahlloser Leserinnen (und Leser wohl auch!) war: Eugenie John. Der bürgerliche Name löst kaum Assoziationen aus, die Schriftstellerin publizierte unter dem Künstlerpseudonym *Marlitt*. Die von körperlichen Leiden übel heimgesuchte Frau wurde 1825 in Arnstadt geboren und starb da 1887. Eine Zeitlang war sie Vorleserin der Fürstin, ihr wirkliches Leben lebte sie in ihrem zuerst in der „Gartenlaube" veröffentlichten Romanen.

Zwei Schutzgebiete 2 – 3 km südlich Arnstadt – der Hain bei *Oberndorf* und die Große Luppe östlich *Siegelbach* – machen auf die immer noch relativ naturnahen Landschaftseinheiten im Bereich des Übergangs vom Innerthüringer Becken in die Ilm-Saale-Muschelkalkplatten aufmerksam. Hier sind Sperber, Waldkauz, Wespenbussard und Mittelspecht noch beständige Brutvögel, und der Buchen-Eichen-Mischwald macht einen gesunden Eindruck. Von besonderer pflanzengeographischer Bedeutung ist das Vorkommen der Weißtanne im NSG Große Luppe. Die Art erreicht hier die absolute Nordwestgrenze ihres natürlichen Verbreitungsgebietes.

Unsere nächste Station soll Paulinzella sein, von Arnstadt aus eine Strecke von 20,5 km. Die Route führt zunächst über Dannheim und Branchewinda, dann mehr und mehr ansteigend bis auf knapp 500 m, immer in Südsüdost ins Dörfchen Traßdorf. Am Südausgang des Ortes folgen wir nicht der Straße, sondern benutzen den Feldweg, der auf den Flecken Cottendorf geht. Dabei wird die Ilm überquert, deren Spiegel sich hier schon auf 390 m Höhe befindet. Nach einem weiteren knappen Kilometer erklimmt man auf einem steinigen Waldfußweg den Singener Berg (582 m). Wer die Attacke scheut, umfährt den Berg südlich auf der Landstraße von Cottendorf nach Singen. Auf den Kurs ist zu achten; die Straße führt zuerst ca. 1,4 km nach Nordost (!) und stößt dort auf die Straße, die von Bad Blankenburg kommt und auf Stadtilm geht. Wir biegen rechts auf diese Straße ein und gewinnen den alten Südostkurs zurück. Über Gösselborn sind es noch 5 km bis Paulinzella; die Höhe liegt bei 445 m.

Paulinzella

Nicht jeder wird die andachtsvolle Begeisterung der Romantiker für den *„Dom"* des deutschen Mittelalters teilen, doch gestehen selbst höchst nüchterne Naturen angesichts der Monumentalität der Ruine ein Gefühl der Ehrfurcht, ja, der Beklommenheit.

Klosterruine Paulinzella

Im Zuge der ersten großen Siedlungsphase wurde 1105 das Doppelkloster der Benediktiner im Gebirgswald gegründet, von einer Frau, Paulina, der Tochter eines wohl schwäbischen Ministerialen. Drei Jahre später starb sie, auf dem Wege zurück von Hirsau, wo sie einen Abt und Mönche holen wollte. Etwa in diese Zeit ist der Baubeginn zu datieren, spätestens aber ins Jahr 1112; die Weihe war 1124. Die dreischiffige Säulenbasilika wurde im Hirsauer Schema und von Hirsauer Bauleuten in sorgsamster Meißelarbeit errichtet.
36 Meter lang ist die Säulenstraße des ehemaligen Mittelschiffs; sie erinnert an einen der großen antiken Tempel. Im Osten befinden sich ein Querschiff und der dreischiffige Chor, ursprünglich mit fünf staffelförmig angeordneten Apsiden ausgestattet.

Die Klosterruine Paulinzella gehört zum Kostbarsten romanischer Sakralarchitektur und zu den großartigsten Denkmälern der Hirsauer Schule. Nach der Säkularisation 1542 verfiel das Kloster; im frühen 19. Jh. begannen Wiederentdeckung und Pflege der Ruine.
Sie wurde eine bevorzugte Stätte der romantischen Verehrung des Mittelalters, immer wieder aufgesucht von vielen Malern und Dichtern. Goethe feierte hier seinen 68. Geburtstag; Schiller wurde zu seinem Gedicht „Im Kloster Paulinzella“ angeregt.

Der alte Zinsboden des Klosters, der 1542 dem landesherrschaftlichen Vorwerk eingegliedert wurde, hat romanischen Unterbau und einen Fachwerkaufsatz aus dem späten Mittelalter.
Er ist das einzige romanische Bauwerk dieser Art auf ehemaligem DDR-Territorium und heute als Museum eingerichtet. Neben der Geschichte der Klosteranlage, die gezeigt wird, gibt es eine hübsche Ausstellung zur Ent-

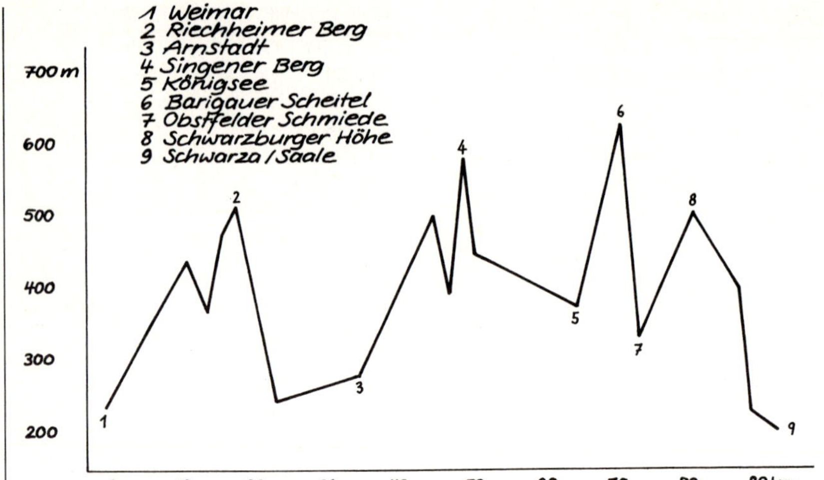

Aus dem Jlm – ins Schwarzatal – eine Frage der Kondition

wicklung des Jagd- und Forstwesens zu sehen.

Von Paulinzella bis Königsee sind es 9 km; die Route führt über Milbitz, wo man die Straße verläßt und dem zunächst nach Südwest, später Süd führenden Fahrweg folgt. Er geht auf die Flecken Horba und Köditz, von da sind es noch 1,5 km bis Königsee.

Königsee

Das Städtchen an der Rinne, einem in die Schwarza mündenden Flüßchen, ist die früheste Gründung der Schwarzburger Grafen und bekannt geworden durch den sog. Olitätenhandel. Die aus den zahlreichen Heilkräutern der Umgebung von den „Laboranten" und „Balsammachern" hergestellten Arzneimittel wurden seit Ende des 17. Jh. noch jenseits deutscher Grenzen vertrieben; „Balsamträger", auch „Buckelapotheker" genannt, aus Königsee, Oberweißbach und anderen Orten wanderten mit ihren Tragegestellen bis in die Schweiz, nach Polen und Holland. Der Kräutergarten der Balsamträger erstreckte sich beiderseits des Mittellaufes der Schwarza; in Königsee ist der wahrscheinliche Ursprung des Thüringer Laborierens zu suchen. Hier wurden zum ersten Mal Wurzeln, Rinden und Hölzer in Stampftrögen zerkleinert, hier rotierten die ersten Kräutermischtrommeln, dampften Kessel, Kolben und Retorten. Pulver und Salben, Elixiere, Öle und Tinkturen wurden in hölzerne Schachteln, in Steingut und später in Glasflaschen abgefüllt. Die Königseer erwarben sich den Ruf geschickter Destillateure.

Im 19. Jh. verboten die Behörden den Olitätenhandel; neben dem Vertrieb von Glas und Porzellan ging er unter der Hand jedoch weiter, bis das Krankenkassengesetz von 1884 dem Gewerbe ein Ende bereitete. Königsee steht für jene Waldorte, in denen die soziale Lage besonders katastrophal war. Der ehemalige Schwarzburger Amtsbezirk wurde zu einem typischen deutschen Auswanderungsgebiet nach Übersee, insbesondere in die USA. Fürstliche Agenturen förderten die Auswanderung nach Kräften.

Schwarzatal

Die folgende kurze Strecke bringt uns ins Schwarzatal, bis Obstfelderschmiede sind es nur 8,5 km. Interessant ist das Profil: Königsee: 376 m – Beerberg/Oberschöbling: 581 m. Von hier sind es 2 km bis Barigau; höchster Punkt auf dem Sattel: 637 m. Von Barigau geht es mit erheblichem Gefälle ca. 2,5 km nach Süd bis Glasbach, *hier wird das Schwarzatal erreicht. Im Tallauf folgen nach Ost noch gut anderthalb Kilometer bis Obstfelderschmiede (383 m).*

Der bekannte und beliebte Ferienort ist Ausgangspunkt der Oberweißbacher Bergbahn, die als Touristenattraktion eine Jahr um Jahr größere Besucherzahl anzieht. Die Standseilbahn hat den Rang eines Technischen Denkmals; eröffnet wurde sie am 15. März 1923.

Ihre Trasse bis Lichtenhain ist 1,4 km lang, der Höhenunterschied beträgt 325 m. Für dieses Stück werden 18 Minuten benötigt; die restlichen 2,6 km bis Cursdorf ist elektrischer Betrieb.

Die Bahn ist die steilste Bergbahn der Welt, die Wagen mit Normalspur befördern kann. Nach 9 Minuten wird die Ausweichstelle auf halber Höhe erreicht; die auffahrenden Wagen ächzen unter ihrer „Schwanzlastigkeit", weil sich auf der hinteren Plattform das Publikum drängt. Den herrlichen Blick ins Schwarzatal will sich niemand entgehen lassen, und die Fotografen rangeln sich um die günstigsten Plätze.

Schwarzatal

Strecke der Oberweißbacher Bergbahn

Oberweißbacher Bergbahn

Maximal 150 Personen kann eines der 9 m langen, feuerwehrroten Vehikel aufnehmen, aber Sitzplätze gibt es nur 42. In Lichtenhain kommt man auf der Kammhöhe des Thüringischen Schiefergebirges an, von hier wird die Fahrt mit elektrischen Triebwagen über Oberweißbach nach Cursdorf (678 m) fortgesetzt.

Wie Königsee war *Oberweißbach* ein Zentrum des Olitätenhandels und der Glaserzeugung; bekannt in Europa wurde es jedoch als Geburtsort des großen bürgerlichen Reformpädagogen Friedrich Fröbel (1782-1852). Seit 1982 präsentiert sich das Geburtshaus wieder im ursprünglichen Zustand als Fachwerkbau; es ist als Fröbel-Memorial-Museum eingerichtet.

„Das Spiel öffnet dem Kinde den Blick für die Welten, für die es erzogen werden soll."

Dieser Leitgedanke Fröbels bedeutete einst den Beginn einer Umwälzung. Die von ihm entwickelten sog. „Spielgaben" Kugel, Walze und Würfel sind im Museum zu sehen, ebenso eines der ersten Zeugnisse, das der Pädagoge einer von ihm ausgebildeten Kindergärtnerin ausstellte.

Der Oberweißbacher Aussichtsturm trägt Fröbels Namen; der ca. 1 km westlich von Cursdorf stehende Turm auf der Meuselbacher Kuppe (789 m) ragt über die 800 m-Grenze hinaus. Von Katzhütte im Tal unten stehen reizvolle Anstiege hinauf auf den Rennsteig zur Wahl:

1. Nach Neuhaus am Rennweg entweder über Untere und Obere Wulstmühle – man erreicht den Nordzipfel von Neuhaus bei 764 m – oder vorbei am Lindigkopf (739 m) aufwärts im Tal der Hölle, bis man auf den nach Westen führenden Bernhardsthaler Fahrweg stößt. Ihm folgt man in östlicher Richtung und kommt am Südwestzipfel von Neuhaus bei ca. 845 m heraus.

imar: Tür zu Goethes Wohnhaus, heute Museum

Kahla: Auffahrt zur Leuchtenburg

Weimar: Detail vom Lucas-Cranach-Haus

Goethe und Schiller vorm Staatstheater

Schillerhaus

eimar

Goethes Gartenhaus

Meiningen: Schloß Elisabethenburg

Auf dem Kickelhahn

An der Ohratalsperre

2. Nach Scheibe-Alsbach über Oelze und Goldisthal; von Goldisthal auf fahrbarem Weg in enger Schleife herum um den Gipfel des Großen Parmdenkopfes (869 m!) nach Osten. Hier muß man in Kauf nehmen, daß zum Abschluß, ca. 2 km hinter dem Parmdenkopf, etwa 800 m Waldweg bis in den Ort zurückgelegt werden müssen.

Wir notieren diesen interessanten Einstieg in eines der „klassischen" Thüringer Glas- und Porzellanzentren für die Leser, die der Route dieses Abschnittes nicht weiter folgen möchten. Unser Rundfahrt-Kurs erreicht dieses Gebiet später, von Südosten kommend, über Lehesten, Probstzella und Gräfenthal.

Wir fahren von Obstfelderschmiede aus im Schwarzatal nach Nordosten und gelangen nach 7,5 km in den bedeutendsten Ferienort der Region, nach Schwarzburg. Das Städtchen war Stammsitz des gleichnamigen Grafengeschlechts, das im 13. Jh. züerst an Schwarza, Saale und Loquitz, dann in Arnstadt und Ilmenau und schließlich in Nordthüringen um Frankenhausen/ Sondershausen zur Landesherrschaft aufstieg. Die Ruinen des heutigen Barockschlosses stehen an der Stelle der vergangenen mittelalterlichen Swartinburg, dem seit 1071 genannten Domizil der Schwarzburger. Das Schloß ist ein Opfer des letzten Krieges; restauriert wurde der Kaisersaal im Obergeschoß des gleichnamigen separaten Baues. Teils auf Leinwand, teils als Deckenbilder in der üppigen Stuckdekoration warten die Portraits von 148 (!) Kaisern auf Ihren Besuch und einen freundlichen Blick. Die bemerkenswerte Schau bedeutender und weniger bedeutender Potentaten versammelt „alle Römischen Kayser von Julio Caesare" an, wie ein

Erker in Schwarzburg

Chronist 1729 entzückt vermerkt.

Von Schwarzburg bis an den Südwestrand Bad Blankenburgs erstreckt sich das 600 ha große Schutzgebiet Schwarzatal. Es ist Bestandteil der UNESCO-Nomenklatur und verdient wegen seiner außergewöhnlichen Ausstattung einige Anmerkungen. Kern des NSG ist das reich gegliederte Tal der unteren Schwarza mit seinen zahlreichen Strudelköpfen, Stromschnellen und den wechselnden Geröllschüttungen im Bachbett. Die Steilhänge sind von schroffen Kerbtälern zerfurcht; die Hochfläche erreicht 500–550 m ü. NN und bricht südlich von Bad Blankenburg in einer imposanten Steilstufe um 250 m in das Gebirgsvorland ab.

Bad Blankenburg

Wir legten der Routenberechnung den Talweg zugrunde; besonders zu emp-

Mellenbach

fehlen sind natürlich die aufhaltsamen Trips über die gut ausgeschilderten Wanderwege.

Links der Schwarza: Hirschwiese (mehrere Gaststätten) – Trippstein (504 m) – Gaststätte Schweizerhaus – Schieferbrücke – Teufelstreppe – Kirchfelsen – Griesbachfels – Wendelstein – Bad Blankenburg. Rechts der Schwarza: am Schweizerhaus über die Brücke, entlang der Breiten Leite dicht am Fluß zur Kirchfelsenbrücke, weiter über die Hünenkuppe (Ruine Eberstein 486 m) zum Wendelstein. – Die Entscheidung soll man von der Jahreszeit und vom Wetter abhängig machen, weil in der Saison nicht nur die – übrigens relativ zahlreichen – Gaststätten überlaufen sind.

Vom Wendelstein sind es schon in Ortslage Blankenburgs noch knapp 1,5 km bis zur Mündung der von links kommenden Rinne in die Schwarza, die an gleicher Stelle von der Straße Nr. 88 (nach Schwarza-Rudolstadt) überquert wird. Hier befinden sich auch der Bahnhof und ein großer Parkplatz; die Höhenlage beträgt 220–230 m. Vom Parkplatz aus sind es noch einmal 1,5 km bis zur Burgruine Greifenstein auf dem 390 m hohen Hausberg.

Ehemals bestand die Anlage – eine der größten Thüringens – aus drei Vorburgen und einer durch Mauer, Tor und Zugbrücke gesicherten Hauptburg. Ein doppelter Wallgraben und eine Ringmauer mit sechs Basteien umrundete das Ganze! Die Festung wurde nie erobert, nie zerstört – sie verfiel einfach. Der Ursprung des „Torwächters des Schwarzatales“ auf dem Muschelkalkfelsen liegt in freundlichem Dunkel. Teils hieß es, Grifo, Sohn Karl Martells, habe sich die Burg 748 bauen lassen, nachdem er nach Thüringen geflohen war; teils hielt man Herzog Konrad (nach 911) für den Bauherrn. Sicher ist nur, daß die Burg unter den Schwarzburgern ihre Blütezeit erlebte.

Schwarzburg

Als sie kriegstechnisch überlebt war, wurde sie aufgegeben; die Schwarzburger bauten die Heidecksburg in Rudolstadt als Residenz aus. 1927 wurde der Bergfried stilgerecht erneuert, der Palas zur Burggaststätte ausgebaut. Dafür kann man nur dankbar sein, schon der schönen Aussicht wegen – über Saalfeld und das Saaletal, in der anderen Richtung tief hinein in den Orlagau mit seinen bewegten Höhen. Fürst Pückler soll von Blankenburg gesagt haben: „Hätte ich Muskau nicht, so möchte ich Blankenburg haben."

Auf den Höhen ringsum locken gemütliche Ausflugsrestaurants – so am Galgenberg, bei den Sängergrotten und den Schwarza-Felsklippen. Wir verabschieden uns aus dem schönen Schwarzatal, folgen der Straße Nr. 88 nach Ost bis zum Bahnhof Schwarza-West, da mündet ein paar hundert Meter rechts ab die Schwarza in die Saale. Der Bogen ist fast geschlossen; durch Schwarza hindurch und über Volkstedt fahren wir hinein nach Rudolstadt und wohin wohl? Sogleich hinauf auf die Burg . . .

Holzlager in Katzhütte

Von Rudolstadt zu den Saaletalsperren, nach Ranis, Burgk und Blankenstein

– 79 km –

„Hier finde ich mein liebliches Gallien wieder“, soll Karl V. geäußert haben, als er nach der Schlacht bei Mühlberg an der Spitze seines Heeres durch das Saaletal zog. Schiller hörte nie auf, vom „Rudolstädter Sommer“ zu schwärmen. Die Stadt ist einer der am schönsten gelegenen, heitersten Orte Thüringens, zu Füßen des Hainberges und der weithin sichtbaren Heidecksburg wie in einen Garten gebettet und von freundlich ansteigenden Berghängen umgeben.

In Rudolstadt soll, nachdem wir uns umgeschaut haben, die Tour saaleaufwärts beginnen und erst in Blankenstein, hinter den großen Talsperren enden. Die Stationen sind: Rudolstadt, 0,0 km – Saalfeld, 8,0 km – Hohenwarte, 23,0 km – Ranis, 33,0 km – Ziegenrück, 42,5 km – Burgk, 53,0 km – Saalburg, 63,0 km – Lobenstein, 72,0 km – Blankenstein, 79,0 km.

Rudolstadt

Wie Saalfeld gehört Rudolstadt zu den ältesten Siedlungen an der Saale, bis in karolingische Zeit reicht seine Geschichte zurück. „Rudolfestat“ heißt eine slawische Gründung im 9. Jh. Eine Burg der Orlamünder Grafen gibt es 1264; durch Heirat erwarben die Schwarzburger 1335 die Besitzrechte; 1571 machten sie die Stadt zur Residenz des Schwarzburg-Rudolstädter Landes. Während an die lange Reihe der Grafen Heinrich und Günther nicht mehr viel erinnert, blieb Gräfin Katharina II. im Gedächtnis des Volkes ein sicherer Platz. 1547, während des Schmalkaldischen Krieges, nahm sie Herzog Alba und seinen Stab im Schloß gefangen, als sie erfuhr, daß die kaiserlichen Soldaten das Vieh aus der Stadt wegtrieben.

„Das Vieh zurück in die Ställe, oder – Fürstenblut für Ochsenblut!“ Das war ohne Zweifel ein präzises Angebot. Alba kapitulierte, der dankbare Bürger verlieh seiner tapferen Fürstin den Beinamen „die Heldenmütige“.

In den klassischen Zeiten ergingen sich Carl August und Goethe unter dem Publikum am Anger und taten sich an den damals schon deftig gewürzten Rudolstädter Bratwürsten gütlich. Justus Perthes wurde 1749 in Rudolstadt geboren; 1813 schrieb Arthur Schopenhauer hier seine Doktorarbeit.

Elf Aufstiege für Fußgänger führen auf die *Heidecksburg* und eine Fahrstraße. Den Aufstieg zu Fuß – z.B. über die Lange Treppe oder den Bogengang – sollte man sich nicht entgehen lassen. Mehr und mehr öffnet sich der Blick über die Stadt, ins Tal, zu den umliegenden Höhen.
Die Romantik der winkligen Gassen, der sich an den Berg schmiegenden Häuschen und alten Mauern, der kleinen Gärten mit ihrem üppigen Wuchs gehört zu Rudolstadt wie die Burg auf der scharfen Zechsteinkuppe. Durch das erste Tor, das zweite Tor, schließlich durch die dunkle Torfahrt des 16. Jh. gelangt man in den weiten, sich in abgeklärter Ruhe präsentierenden Schloßhof. Die Schau kann beginnen . . .

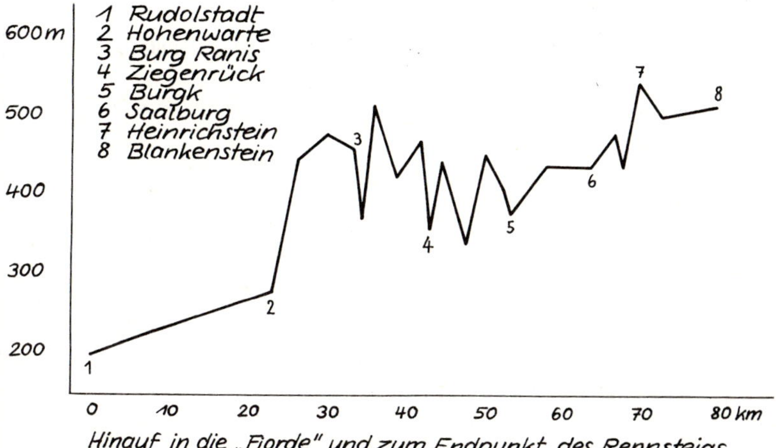

Hinauf in die „Fjorde" und zum Endpunkt des Rennsteigs

Der heutige Barockbau entstand auf den Grundmauern eines 1735 abgebrannten Renaissanceschlosses und an der Stelle der alten Burganlagen des 12.–14. Jh. Begonnen wurde 1737, vollendet 1743 bis 1756 von G.H. Krohne – dem Meister des Weimarer Belvedere, des Dornburger Rokoko-Schlosses, der Gothaer Orangerie. Krohne kümmerte sich um den Außenbau und die Innenausstattung; aus nah und fern zog er Künstler heran. Die Besichtigung ist eine Zeitfrage. Ein Höhepunkt ist der Festsaal von Krohne mit einer Stuckdekoration des Italieners Pedrozzi und einem „farbglühenden" Deckengemälde – Rat der Götter – von dem fränkischen Maler Leopold Deisinger. Von ihm stammen auch Luna und Endymion im Roten Kabinett; es gibt aber auch einen Roten und einen Grünen Salon mit Wandbildern und Supraporten, ein Grünes Kabinett mit Holzplastiken, eine Marmorgalerie mit Zwölf Phantastischen Landschaften ... Der Festsaal, so sagt man, habe keine Wände – er bestehe nur aus Fenstern, Nischen, Spiegeln, Bildern. Venezianisches Glas, Meißner und chinesisches Porzellan, edelste Hölzer, nostalgische Öfen, kostbare Möbel und zarte Tapeten komplettieren die verschwenderische Pracht.

Zum Museum Heidecksburg gehören auch die Kunstsammlungen, ein aus dem fürstlichen Naturalienkabinett hervorgegangenes Naturkundemuseum, die Schiller-Gedenkstätte und – die einmalige Waffensammlung des Schwarzburger Zeughauses. Da sieht man älteste Steinbüchsen, Prunkdegen aus Spanien und Italien, ein Schwert Kaiser Karls V. Eine Besuchertraube vor einem der vergoldeten Harnischkragen Gustav Adolfs gilt als obligatorisch; wie üblich ist es untersagt,

Im Hof der Heidecksburg, Rudolstadt

die Stücke an sich und mit nach Hause zu nehmen.

Nach derlei Glanz und Prunk flüchtet man teils neidisch, teils erleichtert auf die Terrasse des Schloßcafés. Die Torte ist inzwischen magenfreundlicher geworden, der Kaffee war schon früher recht gut. Über den *Cumbacher Marienturm* schaut man zum Kulm; rechts, im Süden, grüßen die Berge der Saalfelder Pforte und die Hänge des Schwarzatales.

Wer sich in der Stadt unten zwischen Markt und Anger bummelnd umschaut, wird sich über die Cafés freuen; es gibt vorzügliche Konditoren, und gute Thüringer Wurst kann man auch kaufen. Zu einem stilgeschichtlichen Exkurs lädt die *Stadtkirche* ein. Es ist eine dreischiffige Hallenkirche der Spätrenaissance, 1634 – 1636 umgebaut unter Beibehaltung vieler spätgotischer Besonderheiten. Achteckpfeiler, doppelte Emporen, ein reiches Südseitenportal, ein spätgotischer West-

Detail Heidecksburg

turm und eine schöne Kanzel von 1636 charakterisieren dieses Bauwerk.

Wir verlassen Rudolstadt über die Saalebrücke östlich vom Bahnhof und fahren über Cumbach, Ober- und Unterpreilipp nach Remschütz. Der beschauliche, verkehrsferne Wiesenpfad führt am Rande der Aue, Saalfelder Becken genannt, entlang. Von Remschütz – wir bleiben auf dem rechten Ufer – bis ins Zentrum von Saalfeld sind es noch gute drei Kilometer. Mit der Bahnhofstraße überquert man die Saale, am anderen Ufer steht das Saaltor, von da geht die Saalstraße direkt auf den Markt.

Saalfeld

Das „Eingangstor Thüringens“ hat man Saalfeld genannt, aber auch „Thüringens steinerne Chronik“. Die lebenspralle Stadt auf dem hohen Ufer der Saale ist eine Stadt der Giebel, Tore und Türme, voller historischer Erinnerungen und von der Natur in mancherlei Hinsicht begünstigt. Nur wenig über 200 m ü. NN ist der Saalespiegel am Saaltor vermessen; der in Luftlinie genau 5 km entfernte Gipfel der Zipptannskuppe bringt es auf 656 m! Das zum Kessel geweitete Saaletal ist von Höhen umgeben, die beinahe durchweg dicht bewaldet sind; solches Panorama bewog seit je Menschen, zu verweilen.

„Salauelda“ – Feld an der Saale – so heißt der Ort erster Seßhaftigkeit in einer Urkunde von 899. Vor diesen ersten Siedlern lebten hier Kelten und Hermunduren, später am rechten Saaleufer auch Sorben. Die Sachsenkaiser hatten hier ein Reichsgut, hielten Hof und gingen auf Bärenjagd. Auch Barbarossa veranstaltete glänzende Hoftage in Saalfeld; im Streit mit den Welfen fielen Burg und Stadt allerdings 1198 in Schutt und Asche.

Unter wettinischer Herrschaft – ab 1389 – folgten drei Jahrhunderte wirtschaftlicher und kultureller Blüte. Der Bergbau florierte; 37 alte Stollen, in denen Kupfer- und Silbererz

Rathaus Saalfeld

Der Kitzerstein

gefördert wurde, lassen sich in Saalfelds Umgebung nachweisen. Kein Zufall, daß in diese Zeit der Höhepunkt der architektonisch-künstlerischen Entwicklung fällt: Johanniskirche und Rathaus entstehen, bedeutende Bildschnitzerwerkstätten sind tätig. Nach dem Dreißigjährigen Krieg verarmte die Stadt; von 1680–1735 ist sie Residenz des Herzogtums Sachsen-Saalfeld, von 1826 bis 1918 gehört sie zu Sachsen-Meiningen.

Das *Rathaus* mit seinem schlanken Treppenturm, seinen zierlichen Erkern und dem feingegliederten Treppengiebel ist schon ein Ereignis. Der spätgotische Bau mit Renaissancebestandteilen entstand von 1526 bis 1537. Die Marktfront der dreigeschossigen Zweiflügelanlage ist beeindruckend; die beiden Zwerchhäuser, der reiche Erker und der Eckerker ziehen die Blicke genau so an wie der vielkantig gebrochene Turm mit dem hochaufragenden Spitzhelm. Auch die Seitenfront besitzt zwei Zwerchhäuser, dazu im Erdgeschoß Räume mit Kreuzgewölben, im ersten Obergeschoß Säle mit Balkendecken. Am Portal dargestellt ist die Saalfelder Elle.

Gegenüber vom Rathaus befindet sich die ehemalige *Hofapotheke* (seit 1681), die um 1180 (!) als spätromanischer Wohnturm des Stadtvogtes entstand. 1468 erwarb die Stadt den Burgus als Rat-, Tanz- und Kaufhaus; leider wurde das Gebäude 1882 durch einen Brand weitgehend zerstört. Originär sind heute noch das Erdgeschoß sowie die geretteten und stilgerecht wiederverwendeten Lisenen, Friese und Gewände; insgesamt ein seltenes Zeugnis romanischer profaner Stadtarchitektur. – An der Apotheke beginnt die Front der sog. Liden, ein mittelalterlicher Galerie- und Laubengang, in dem sich Verkaufsstände befanden.

Hinter den Liden steht die *Stadtkirche St. Johannis.* Es ist eine gotische Hallenkirche, zu beiden Seiten von Türmen flankiert. Im Tympanon des Südportales ist eine Anbetung der Könige, in dem des Westportals das Jüngste Gericht dargestellt. Die Ausstattung ist bemerkenswert: ein spätgotisches hl. Grab an der Innenwand des Langhauses aus der 2. Hälfte des 14. Jh.; ein Relief mit hl. Kümmernis von 1516, es stammt aus der Brückenkapelle. Die beeindruckende lebensgroße Figur Johannes d. Täufers stammt von einem Schüler Riemenschneiders und ist von 1505.

Vom Markt aus gelangt man mit wenigen Schritten durch die Brudergasse zum ehemaligen Franziskanerkloster am Münzplatz. Im Kreuzgang und in den Kapellen, die um 1500 entstanden, sind verschiedene ständige Ausstellungen des städtischen Museums zu besichtigen. Außergewöhnlich ist auch die Trachtensammlung, sie umfaßt 700 Stücke. Eine Thüringer Bauernstube, Kunsthandwerk und Stadtgeschichte, Wiegen- und Frühdrucke sind weitere Themen. – Vom Kloster aus ist übrigens entlang des Stadtmauerrings die Altstadt schnell umrundet, vier Tore sind stehengeblieben.

Zu Saalfelds Besonderheiten gehören zwei höchst merkwürdige Bauwerke, zu denen man am bequemsten vom Saaltor aus gelangt. Man spaziert einfach ein Stück saaleaufwärts und entdeckt plötzlich ein überraschend heiter wirkendes, schiefergedecktes Schlößchen, das den Anschein erweckt, als würde es aus Fels und Buschwerk herauswachsen. Das ist der *Kitzerstein*; sagte und schreibe 7 Staffelgiebel schmücken den polygonen Anbau. Dreigeschossig steht das Unikum auf einem der vordem 37 (!) Mauertürme der alten Stadtbefestigung. Auch den heutigen Nutzern scheint es in den spätgotischen Mauern des Kitzersteins zu gefallen: fröhliche Klänge vernimmt man und beschwingte Akkorde, das Schlößchen ist Sitz einer Musikschule.

Welch Gegensatz dazu tut sich nur ein Stück weiter auf! Noch höher am Ufer droht in finster-schottischer Manier die Ruine des Hohen Schwarms. Bis heute sind die Auseinandersetzungen um dieses seltsame Bauwerk nicht beendet; einigermaßen gesichert ist, daß die Schwarzburger nach 1250 den Schwarm errichteten. 22 Meter – vier Stockwerke – reckt sich der turmartige Bau, ehemals das Wohngebäude, empor; die beiden runden Ecktürme überragen ihn noch um 8 Meter. Vor einigen Jahren konnte man noch „von hinten", durch Gärten und Höfe, in die Ruine eindringen. Selbst am hellichten Tage verbreiteten die düsteren Keller und Gewölbe eine unheimliche Atmosphäre, der Brunnenschacht soll bis zum Saalespiegel reichen. Nach 1500, als er für die Stadtvögte keine strategische Bedeutung mehr besaß, verfiel der Schwarm.

Das Saalfelder *Stadtschloß* steht auf dem Boden eines ehemaligen Benediktinerklosters. Im Bauernkrieg wurde es gestürmt, aus den Steinen errichtete der Oberlandbaumeister Richter anderthalb Jahrhunderte später eine Dreiflügelanlage mit offenem Hof, wie es zur Barockzeit üblich war. Die Sehenswürdigkeit des Schlosses ist die Kapelle im linken Seitenflügel, neben der in Eisenberg das einzige Barockbauwerk dieser Art in Thüringen. Nach einem Brand 1954 konnte der zweigeschossige Raum mit umlaufender Galerie, Kanzelaltar und zahlreichen Kunstwerken in altem Glanz restauriert werden. Die kunstvollen Stuckarbeiten italienischer Meister, das großartige ovale Deckenfresko Ludovico Castellis und das Paradestück des Hauptflügels, eine dreiteilige Treppe – Lieblingsidee aller Barockschlösser – lohnen den Besuch reichlich.

Wer in Saalfeld war, muß natürlich die *Feengrotten gesehen haben. Vom Markt fährt man zum Oberen Tor, da beginnt die Sonneberger Straße. Ihr folgt man bis Garnsdorf, wo sie auf die Ausfallstraße Nr. 281 stößt, von da sind es noch 1,5 km; die Markierungen sind nicht zu übersehen. Die Feengrotten sind ein Bergbaudenkmal; 1911 entdeckte man die verstürzten Stollen eines Alaunschiefer-Bergwerkes bei der Suche nach heilkräftigen Quellen. Jahrhundertelange Abgeschlossenheit und stete Tropfsteinbildung erzeugten ein Wunderreich bizarrer Farben und Formen; Stalaktite, Stalagmite und Mineralien bildeten sich. Den Grotten entströmt die stärkste Eisen- und einzige Phosphatquelle Mitteldeutschlands.*

Zu den Saaletalsperren

Von Saalfeld aus soll es nach Südosten gehen, in das Gebiet der Saaletalsperren, auch „Thüringer Meer" genannt. Wir folgen der Saale, aber nicht auf der Fernverkehrsstraße Nr. 85, sondern fahren in der linksufrigen Aue zunächst bis Reschwitz. Spätestens am Südausgang des Ortes, wo sich von rechts der Gißrabach der Saale nähert, stößt man auf den Hauptwanderweg, der über Weischwitz, Fischersdorf bis Eichicht auf der Innenseite der großen Saaleschlinge in schöner Landschaft verläuft.

Eichicht, uralte Siedlung im dreieckigen Talwinkel, ist Ausgangspunkt aller Wanderungen zur oberen Saale und zu den lieblichen Tälern des Frankenwaldes. Von Süden strömt die Loquitz herbei, die gerade die Sormitz aufgenommen hat; beide kommen von weither, von den fränkischen Höhen des Rennsteigs am Wetzstein und am Vogelberg. Zwischen ihren Tälern erhebt sich der Rücken der Steinernen Heide: stillstes, verschwiegenstes grünes Bergland. Glücklich soll sich der Wanderer schätzen, der, sei es zu Fuß, sei es mit dem Rad, Zeit und Muße aufbringt, um in den Tälern bergwärts, nach Süden zu pilgern. Auch wir werden später, aus Südosten kommend, das grüne Schweigen kennenlernen.

In Eichicht stand selbstverständlich schon im 12. Jh. eine Burg, das jetzige malerische Schloß stammt von 1696. Die Burgen und Schlösser hören nun an der oberen Saale nicht mehr auf. Vorbeugend wollen wir um Nachsicht bitten, wenn wir von den einen nichts, von den anderen wohlmöglich zuviel erwähnen.

In Eichicht geht es über die Saale, dieser Weg biegt noch vor Kaulsdorf scharf rechts ab und erreicht nach knapp 4 km Hohenwarte. Die „Fjorde" beginnen, die Berge sind nicht so hoch, wie sie scheinen und erreichen kaum 600 m – aber schön sehen sie aus und schier endlos die Steilhänge, die ins blaue Wasser stürzen. Aufragender Fels, kühne Sporne und luftige Gesteinskanzeln springen aus den Wänden vor und erzeugen ein Panorama, das wenig mit Mittelgebirgsbescheidenheit zu tun hat. Fünfmal hintereinander wurde das strömende Wasser gestaut; die folgende Übersicht in Strömungsrichtung soll nur die Orientierung ein wenig befördern:

1. *Bleilochtalsperre, größter der Seen, 28 km lang, maximale Breite 2 km; Volumen: 215 Mio m^3; Gewichtsstaumauer 65 m hoch, Fußbreite 47 m. Die Krone ist 205 m lang und 7,2 m breit.*
2. *Ausgleichsbecken Burgk, 6,5 km lang.*

Bleilochtalsperre

Angestaut in Burgkhammer; Staumauer 22 m hoch. Krone 122 m lang und 3,1 m breit.

3. *Das Ausgleichsbecken Grochwitz hat nur eine Fläche von 0,5 km^2, es ist das Unterbecken des Pumpspeicherwerkes Wisenta.*
4. *Hohenwartetalsperre, 27 km lang. Volumen: 185 Mio m^3. Gewichtsstaumauer 75 m hoch, Fußbreite 54,7 m. Krone 412 m lang und 6,7 m breit.*
5. *Ausgleichsbecken Eichicht, 4,3 km lang. Staumauer 19,5 m hoch; Krone 215 m lang und 4,7 m breit.*

Der kleine Wisenta-Stausee liegt 60 m über dem Saalespiegel; das Oberbecken des Pumpspeicherwerkes Hohenwarte II auf der Amalienhöhe befindet sich 300 m über der Talsohle. Der Blick von den Bergen, von Steinsdorf oder Munschwitz aus z.B. auf die Wasserflächen in drei verschiedenen Höhenlagen ist nicht ohne Faszination.

Wir fahren von Hohenwarte – Ortslage 250–280 m – mit zunehmender Steigung nach Norden, in Bucha kommen wir auf die hier so genannte Hohe Straße. In einer Höhenlage um die 480 m herum führt sie nach Osten, wir folgen ihr 4 km bis zum Abzweig Ranis. Von hier sind es noch 2,5 km bis zum Ortsteil Angerhaus am Eingang von Ranis.

Ranis

Mutmaßen muß man die Burg nicht; seit geraumer Zeit schon hat man sie gesehen, stolz und beherrschend auf steilem Fels über Stadt und Tal thronend. Mehr als 100 m überragt der Dolomitkegel seine Umgebung, und die Mauern der Feste scheinen aus ihm herauszuwachsen. Etwa um 950 muß der Burgbau begonnen haben, 250 Jahre war sie Kaiserpfalz. Die ältesten erhalten gebliebenen Teile stammen aus dem 11. Jh.: der Bergfried, damals nicht ganz so hoch und der Wohnturm des Torhauses am Eingang der Hauptburg. Der heutige Anlagenumfang entstand im 13. Jh., als Kaiser Friedrich II. die Schwarzburger mit Burg und Stadt

Ranis belehnte. Im 15./16. Jh. kamen die schönsten Bauten dazu, vor allem der stattliche Palas mit den prächtigen Giebeln. Vor- und Hauptburg sind durch das Torhaus getrennt, es steht quer über dem Felsrücken. Wie ein Hufeisen greifen die Gebäude der Hauptburg in den Innenhof. Die stark gegliederten Renaissancegiebel verleihen dem wuchtigen Ensemble auch einen unerwartet heiteren, generösen Charakter. Der Westflügel umklammert den alten Bergfried, hinter ihm öffnet sich der zweite Burghof mit dem Palas. Der Brunnen ist 40 m tief in den Fels gegraben.

Letztes Wort zur Burg: der Bergfried ist besteigbar, was wegen der Fernsicht in den Thüringer Raum lohnt.

Vor uns liegen bescheidene, aber schöne 9,5 km in südöstlicher Richtung, das Ziel heißt Ziegenrück. Man fährt über Schmorla, kommt wieder in den Wald, der Anstieg hinter dem Ort geht bis auf 520 m. Dann weiter mit Gefälle in Richtung Moxa, man gebe acht, daß man ca. 0,4 km vor Moxa den rechts abzweigenden markierten Wanderweg nicht verpaßt! Am Ostrande des Gössitzer Waldes führ er über Paska hinauf auf die Teufelskanzel des Lasterberges 470 m. Unten liegen Ziegenrück, die Talsperre, die Saaleschleife, Schwedenschanze, Ilsen- und Schneidersblick, der Sornitzgrund und… Ohne eine gute Karte ist sowieso nicht viel auszurichten.

Ziegenrück

In Ziegenrück befand sich das erste Wasserkraftwerk an der Saale; die aus dem Jahre 1900 stammende „Technik" der ehemaligen *Fernmühle*, die bis 1965 (!) zur Stromerzeugung diente, ist erhalten geblieben. Maschinenraum und Turbinen sind zu besichtigen, auch

Burg Ranis

Funktionsmodelle, die man selbst in Betrieb setzen darf. Das Ganze ist ein Technikdenkmal, heißt Museum für Wasserkraftnutzung und befindet sich in der Bahnhofstraße. Instruktiv der Saal zur Geschichte der Saalekaskaden, verblüffend die Glühlampensammlung. Es werde Licht! – Und kein Schloß? Nein, es brannte 1550 ab, aber – die Kemenate, der spätgotische Wohnturm aus dem 15. Jh., steht noch ganz stattlich da. Das Städtchen selbst ist ein in der Saison verstopfter Urlauber- und Ferienort; die Schönheit des Landes ringsum macht es begreiflich. Gewandert, gestiegen und geschwitzt wird in alle Himmelsrichtungen. Was die höchst verwinkelten, beengten Gassen anbelangt – „Stangenbreite" haben sie mindestens. Und die wurde, einer Lanzenlänge entsprechend, im mittelalterlichen Stangenrecht vom Kaiser gefordert, denn das Heer mußte ungehindert passieren können. Statt dessen gibt es heute ein Autorecht, es heißt nur anders.

Schloß Burgk

Ziegenrück und die Ziegen? Damit ist nichts, der Name ist slawischen Ursprungs: Czeganrek bedeutet Flußschlinge. Als Cygenruke wird der Ort im Zusammenhang mit der Saaleflößerei 1258 zum ersten Mal erwähnt. Die große Bedeutung der Flößerei auf der Saale deuteten wir bereits in Bad Kösen an.

Die Fahrt nach Burgk, nicht ganz 10 km, beginnt am Bahnhof, steigt in der Schleife am Sportplatz zum Hainbühl, dann hinauf auf den Lerchenhügel (444 m). „Im Fußumdrehen" sind reichlich 100 m gewonnen, das Niveau behält man bis Eßbach. Exakt vor der Kirche wird gewendet, genau nach Süd geht es in die Abfahrtsschleife hinein, hinunter zur Walsburger Brettmühle. Hier stoßen wir auf einen schönen Hauptwanderweg, der durch herrlichen Wald nach Osten auf die Dörflaser Höhe führt, am Vogelherd (458 m) vorbei zum Teufelsberg (454 m). Das auffällige Ritual wiederholt sich – 100 m hinunter, 100 m hinauf. Es soll sehr gesund sein. Am Teufelsberg nicht weiterfahren nach Grochwitz, sondern vorher links abschwenken auf den markierten Röhrensteig zum Marienblick. Da muß man schon hin, um Ausschau zu halten, die Pohlleite-Felsen zu bewundern und um sich über die schikanöse Route zu ärgern.

Burgk

Vom Marienblick geht es auf geradem Waldweg einen Kilometer hinunter nach Burgk, und – Sie ahnen es schon – sogleich wieder hinauf zum Schloß. Auf steil abfallenden Felsen, von der Saale in enger Schleife umflossen, erhebt sich die „Perle des oberen Saaletales".
In unschuldiger Großzügigkeit hat hier die Natur das Entstehen einer der besterhaltenen Wehr- und Wohnanlagen der Region mit vielen spätmittelalterlichen Rüstbauten begünstigt; beinahe scheint es, als hätten sich Landschaft und Kultur zu einer höheren Einheit verbünden wollen. Erste Nachricht über die Burg kommt von den Geraer

über die Burg kommt von den Geraer Vögten, die das „hues dy borg“ 1365 an die Schleizer Komturei des Deutschritterordens verpfändeten. 1403 wurde diese Burg abgebrochen und Heinrich von Gera „... hub in demselben iar am dienstag nach Quasimodogeniti das schlosz wieder an von neues zu bauen.“ An einem Dienstag also laut Urkunde von 1416, man ist sogleich erleichtert! Dieser Bau steht heute noch.
Im 16./17. Jh. wandelte sich der Charakter unter den Reußer Bauherren mehr und mehr zu einem fürstlichen Jagd- und Lustschloß; im 18. Jh. entstand dann prompt auch der Lustgarten mit dem Rokoko-Pavillon auf dem Sophienberg.

Der spätgotische Südflügel, der Palas und der Ostflügel vom Ende des 16. Jh. beherrschen in ihrer steinernen Massigkeit die gesamte Anlage. Den Palas muß man von der Südterrasse aus betrachten: zu schwindelnder Höhe steigt er empor, trutzig, eine Kemenate. Phänomenalstes Bauwerk ist jedoch die Schloßküche, die gegen Ende des 16. Jh. an die Westmauer angesetzt wurde. Ihr gewaltiger Kegelkamin ist einmalig in Thüringen. Herd und Geschirr vermitteln einen feinen Einblick in die Küchenwelt vor 400 Jahren; die Burgherren bevorzugten Hirsch-, Reh-, Hasenbraten, etwas vom Schwein und vom Rind, seltener frische Seeaustern. Die Küche wurde bis 1943 (!) benutzt.

Schloß Burgk ist heute Museum; eine Kultur- und Bildungsstätte allerersten Ranges, wie behauptet wird. Wir fanden, daß dies kaum übertrieben ist. Der Rundgang, dem wir hier unmöglich folgen können, beginnt mit einer echten Kuriosität: im Treppenhaus befindet sich hinter Glas die Mumie des „Hundes

Saalburg

im Roten Kasten". Einer albernen Laune gehorchend hatte man beim Bau kein Kind, sondern einen Hund eingemauert. Ist das nicht entsetzlich? Das Museale dagegen ist durchweg seriös. Da gibt es im Bankettsaal eine schwebende, im Dachstuhl aufgehängte Decke mit Malereien – ein einzigartiges Kulturdenkmal. Der Speisesaal ist in Barock und Rokoko gehalten, der Damensalon ist klassizistisch mit Chinoiserien von 1720. Das Chinazimmer entspricht korrekt der Ostasien-Holland-Mode des 18. Jh. mit Delfter Kacheln und Gobelins. Natürlich existiert auch ein Musiksalon und ein Prunkzimmer des Schloßherrn. Höhepunkt des Ganzen ist die frühbarocke Schloßkapelle mit Fürstenempore, luxuriöser Kanzel und einer Orgel des Sachsen Gottfried Silbermann. Die hatte Heinrich III. von Reuß-Untergreiz 1743 bestellt; nach 18 Wochen lieferte Silbermann.

Für die Fahrt von Burgk nach Saalburg ist ein durchgehender, markierter Hauptwanderweg benutzbar; für Kletterei, steinig-schiefriges, häufig abschüssiges Terrain und quer zur Fahrtrichtung geneigte Wege wird man von der Natur reichlich entschädigt. Zumal die knapp 4 km durch den Nonnenwald bis zum Großen Bleiloch soll man genießen, bevor man sich die Sperrmauer anschaut. Von ihr geht es zur Gräfenwarther Brücke, über die auch die Eisenbahn nach Kloster und Saalburg zuckelt. Gleich am anderen Ende der Brücke, zu Füßen des Wetterberges, befindet sich ein seltsames Naturdenkmal, die sog. Steinrose. Hier verwittert devonisches Diabasgestein, strukturbedingt fallen konzentrische Schalen ab, die Blütenblättern gleichen. Die Klosterruine zum Heiligen Kreuz stammt

Saalburger Marmor

von einem ehemaligen Nonnenkloster der Zisterzienser, das nach der Reformation aufgelöst wurde. Bis Saalburg sind es nun noch 1,5 km; die Straße Nr. 2 führt in schwachem Bogen um den Kulmberg (574 m) herum.

Saalburg

„Saleburc" ist eine deutsche Gründung; das Städtchen entwickelte sich im Anschluß an die Burg, die 1216 zum ersten Mal genannt wird und von der zur Erleichterung aller nichts weiter blieb als ein kreisrunder Turmstumpf auf dem heutigen Schulhof. Größere Reste sind von der Stadtmauer (1313) erhalten, auch mehrere Wehrtürme und ein Steintor. Als 1931/32 die Bleilochtalsperre angestaut wurde – der Zeiss-Konzern, weitere thüringische Unternehmen, der thüringische und der preußische Staat, vereint in der Obere Saale AG waren die Investoren – verschwand ein Viertel der Stadt im Staubecken. Die Verlegung einiger Betriebe erregte nationales Aufsehen, betroffen war auch das Marmorwerk. Saalburger Marmor in den Farben Saalburger Rot, Edelgrau, Blaugrau und Schwarz wurde in Hamburg, Madrid, München und Dresden verbaut; die Brüche befinden sich in Saalburgs Umgebung, im nördlichen Teil des Kreises Schleiz und in Fischersdorf.

Die stattliche Brücke, die den breit gestauten Fluß überspannt, wurde 1966 als Ersatz für ihre im Kriege zerstörte Vorgängerin errichtet. Im Mittelalter querte hier die Frankenstraße die Saale, sie kam aus Nürnberg und führte über Schleiz und Gera nach Leipzig. Am 8. Oktober 1806 versuchten Preußen und Sachsen unter Tauentzien vergeblich, den wichtigen Paß gegen die Franzosen zu verteidigen. Murat erzwang den Übergang, Tauentzien wich nach Schleiz zurück – sechs Tage danach siegten die Franzosen bei Jena und Auerstedt gründlich.

Tritt man heute am Hotel Kranich durch das ehemalige Torhaus, dann schaut man sogleich auf die Wasserfläche des Sees, die gepflasterte Straße führt direkt in ihn hinein. Vom anderen, dem Nordostende Saalburgs aus, ist es gerade ein reichlicher Kilometer – mit hübschem Anstieg um mehr als 100 m – ins Dörfchen Kulm. Da blieb eine wirklich farbenprächtig ausgemalte Bauernkirche erhalten; ihr Besuch lohnt auch wegen der Kasettendecke und dem spätgotischen Flügelaltar von 1480.

Nicht zu vergessen: in Saalburg darf man baden, es gibt ein Strandbad. Zweitens existiert eine Schiffsanlegestelle, und die Fahrt auf der Talsperre – zur Mauer zum Beispiel – ist nicht ohne

n Kanzlersgrund – Nähe Oberhof

'te Felder…

Arnstadt – älteste Stadt Thüringens: Seitenportal der Liebfrauenkirche

ung und Alt: Rathausportal in Arnstadt

Schwarzburg

Klosterruine Paulinzella

Warten auf die Bergbahn, Obstfelderschmiede

Portal in Arnstadt

findet oder auf dem Campingplatz in Kloster oder in der Jugendherberge in Isabellengrün unterkommt – von Saalburg aus lassen sich prächtige Halb- oder Ganztagswanderungen starten, zu Fuß oder mit dem Rad. Die Wege sind gut markiert, Sie lernen wirklich ein Stück von Land und Leuten kennen und haben Gelegenheit, interessante Stationen, die wir nur berühren, kaum skizzieren konnten, noch einmal aufzusuchen.

Lobenstein

Unser Tourenabschnitt geht dem Ende entgegen, Lobenstein ist die vorletzte Station; 9 km haben wir von Saalburg aus gerechnet. Es geht über die Brücke, hinein nach Pöritzsch und da auf den Wanderweg, der durch den Ossagrund hinauf zum Luchsloch und anschließend noch höher zum Totenfels 480 m führt. Die Anstiege sind sehr steil, die gewonnene Höhe läßt sich nie halten. Vom Totenfels muß man wieder hinunter nach Zoppoten, von da nach Südwest über die Galgenleite und direkt vorbei am Hartmannsbühl (541 m) zum Heinrichstein (547 m). Natürlich hat jeder, der sich im Gebiet der Talsperren auskennt, einen eigenen, absolut unschlagbaren besten Aussichtspunkt entdeckt; wir meinen, daß man Luchsloch und Heinrichstein ohne Anrufung einer Schiedskommission zu den exquisiten points rechnen darf. Die Umschau von ihnen vermittelt das Erlebnis der „Fjordlandschaft". Zwei Anmerkungen: Vom Stein aus blickt man in Südost hinüber nach Saaldorf, erkennt das ehemalige Jagdschloß eines Fürsten Heinrich von Reuß und erfährt so endlich, warum es der berühmt-berüchtigten Lola Montez dort so gut gefallen hat. In exakt entgegengesetzer Richtung, ca. 1,5 km

Ernte bei Lobenstein

entfernt befindet sich Ebersdorf mit dem Grabmal des letzten, 1928 verschiedenen Reußen, entworfen hat es Ernst Barlach.

Vom Heinrichstein sind es in südlicher Richtung, teils auf Fahrweg, teils auf Straße, noch reichlich drei Kilometer bis zum Gallenberg (546 m), der markiert aber schon den östlichen Stadtrand von Lobenstein. Aus dem Talkessel, wo der Koselbach in die Lemnitz mündet, zieht sich die Siedlung weit die Hänge hinauf; die Ortslage wird nun schon mit 505 m angegeben. Und eine neue Bezeichnung der Landschaft taucht auf: Lobenstein rechnet schon zum Frankenwald, der halt als „Fortsetzung des Fichtelgebirges nach NW über die Saale hinaus ohne natürliche Grenze in den Thüringer Wald übergeht". So heißt es kurz und vernünftig im Brockhaus, und wer sich heute, nach mehreren Jahrzehnten Existenz einer höchst un-

Bei Blankenstein

natürlichen Grenze zwischen Franken und Thüringen darüber nicht freut, dem ist nicht zu helfen.

Verwinkelte Gassen lassen auf ehrwürdiges Alter schließen, Terrassengärtchen zwischen niedrigen Mauern und gemütlichen Häusern schaffen blühende Inseln. Viel Historisches blieb nicht erhalten, drei Stadtbrände zwischen 1714 und 1832 und eine tödliche Feuersbrunst 1862 ließen kaum etwas übrig. Von der Burg, die vermutlich schon um 1200 als Stützpunkt der fränkischen Lobdeburger entstand, steht immerhin noch der ansehnliche Bergfried auf dem Schloßberg, ein kleines Museum informiert über die Geschichte der Handweberei in der Stadt, zeigt schöne Ofenplatten und Lothraer Rokoko-Gobelins. Gewürdigt wird auch C.G. Reichardt, Geograph und Kartograph, der Ende des 18. Jh. in Lobenstein tätig war.

Blankenstein

Wir verlassen Lobenstein nach Südosten, fahren im Lemnitztal unterhalb Hakenberg (584 m) und Marksberg (569 m) auf der Straße bis Lemnitzhammer, wo das Flüßchen in die Saale mündet und weiter über Harra und Abgesang bis Blankenstein. Es sind nicht mehr als 7 km.

Der Endpunkt dieses Abschnitts wird in doppelter Hinsicht ein Anlaß zum Feiern sein, denn: Blankenstein war Grenzort und ist es nicht mehr. Man kann der Selbitz wieder folgen und nach Süden wandern hinein ins Höllental. Zum zweiten: In dem kleinen Ort wird man bald das berühmte Denkmal mit dem Relief des Wanderers finden. In Blankenstein beginnt – oder endet – der Rennsteig oder Rennweg, der 168,3 km lange Kammweg, der von der oberen Saale über Franken- und Thüringer Wald zur unteren Werra führt. Der Rainweg, ein Grenzweg, 1330 zum ersten Mal genannt, doch sehr wahrscheinlich viel älter. Ein Weg der Kuriere, der Schmuggler, der Wildschützen; Legenden begleiten ihn. Wir werden ihm im nächsten Abschnitt unserer Rundtour folgen. Westwärts, hinein ins Herz des Thüringer Waldes.

Rennsteigtour westwärts bis Sonneberg – 68,5 km –

Die urkundlich erste Bezeichnung „Rynnestig" für den Abschnitt des Kammes zwischen Gerberstein und Nesselberg im nordwestlichen Thüringer Wald wurde in den folgenden Jahrhunderten auch auf die sich ost- und westwärts anschließenden Fortsetzungen der Firstlinie übertragen. Bereits im 16. Jh. begriff man den Rennsteig als schnellen Verbindungsweg zwischen westlichem und östlichem Thüringen, um die Mitte des 17. Jh. begannen die systematische Erkundung und Kartierung. Im Zusammenhang mit der thüringischen Kleinstaaterei verliefen vielfach die landesherrlichen Grenzen entlang des Rennsteiges, so daß oft der Charakter des Kammweges als einer Grenzlinie gegenüber der ursprünglichen Verbindungsfunktion dominierte. Die zahlreichen erhaltenen Grenzsteine stehen als ehemalige Hoheitszeichen heute noch als Zeugnis einer für Wirtschaft, Handel und kulturelle Entwicklung unerquicklichen Situation.

Am 24. Mai 1896 wurde im heute bayrischen Forsthaus „Waidmannsheil" bei Steinbach am Wald der Rennsteigverein gegründet und der Wanderweg in den Folgejahren mit einem weißen „R" an Bäumen und Felsen gekennzeichnet. Im gleichen Jahr legten Bühring und Hertel den ersten „Klassiker" vor: „Der Rennsteig des Thüringer Waldes"; seit 1897 erschienen der „Bote des Rennsteigvereins", ab 1898 die „Schriften des Rennsteigvereins". Die Freunde des Rennsteigs fühlten sich Viktor von Scheffels, des „Dichters der Deutschen", Vers verpflichtet:

„Ein Deutschland nährt den Thüring, Hessen, Franken
Und echter Liebe setzt kein Markstein Schranken . . ."

Die Zonengrenzziehung nahm darauf keine Rücksicht; 14 km Rennsteig im Bereich des bayrischen Landkreises Kronach wurden herausgetrennt. Weitere 34 km fielen dem Sicherheitswahn der Parteiführung der DDR zum Opfer; sie wurden als Grenzsperrgebiet deklariert. Am 28. April 1990, einem windigkühlen, regnerischen Samstag eröffneten Bundesministerin Dorothee Wilms und die DDR-Ministerin Sybille Reider zwischen Kleintettau (Bayern) und Spechtsbrunn (DDR) den ersten „Rennsteig-Wanderer-Grenzübergang". Die so historische wie unerfreuliche Wortschöpfung hatte keinen Bestand: die Grenze existiert nicht mehr. Nach beinahe einem halben Jahrhundert gilt wieder: Rennsteig – Wandern ohne Grenzen!

Wir möchten diesen historischen Miniexkurs statt großer Worte mit Viktor von Scheffel beschließen:

„Ein deutscher Bergpfad ist's!
Die Städte flieht er
Und keucht zum Kamm des Waldgebirgs hinauf.
Durch Laubgehölz und Tannendunkel zieht er
Und birgt im Dickicht seinen scheuen Lauf."

Unsere Route soll folgendermaßen verlaufen: Blankenstein, 0,0 km – Lehesten, 25,0 km – Probstzella, 38,5 km – Gräfenthal, 43,5 km – Sonneberg, 68,5 km.

Diese Tour soll eine Bergfahrt werden, ohne Burgen und ohne Schlösser, in fühlbarer Stille und relativer Einsamkeit. Touristisch ist dieser Nordwestteil des Frankenwaldes nicht erschlossen,

Rennsteigdenkmal in Blankenstein

er war tabu, gesperrt, verboten – nicht einmal seine Repräsentation auf Kartenwerken war erlaubt.

Wir wollen zunächst von Blankenstein – Ortslage um 520 m – bis zum Wetzstein (792 m) dem Rennsteig folgen. Der Anstieg läßt nicht auf sich warten, nach ca. 7 km erreichen wir hinter Schlegel den Kulmberg (729 m).

Dank seiner Widerstandsfähigkeit ist er herausgewittert und überragt nun die Hochfläche des Schiefergebirges um 70 – 80 m. Die Entwicklung des Waldes wurde vom Lobensteiner Erzbergbau im späten Mittelalter bestimmt, die Waldköhlerei verdrängte allmählich den artenreichen Bergmischwald. Die meisten der Weißtannen, die man noch findet, sind abgestorben. Im kleinen Schutzgebiet Jägersruh, das wir bei Rodacherbrunn, 2,5 km südöstlich von Grumbach streifen, haben sich in der Umgebung des ehemaligen fürstlichen Jagdschlößchens noch Bergmischwälder mit Buche, Esche, Ahorn und Weißtanne erhalten. Aber auch hier wird die Tanne auf Dauer keine echte Chance haben. Besser ist es manchen Vögeln ergangen; das Auerhuhn brütet hier noch, auch der Habicht und der Sperlingskauz sind heimisch und in den letzten Jahren wurden Bruten des Alpenbirkenzeisigs nachgewiesen.
Wie an anderen Stellen der unseligen Grenze auch bewirkte die künstliche Ruhe in der tiefen Sperrzone das Überleben mancher Art, die woanders längst den Gesetzen der intensiv ausgebeuteten Kulturlandschaft zum Opfer fiel.

Von Grumbach über Brennersgrün bis zum Wetzstein sind es ca. 5,5 km. Vom Bismarckturm schaut man nach Osten über Wurzbach und Lobenstein bis zur oberen Saale und den Sperren; nach Nordwesten ins tiefeingeschnittene Loquitztal; nach Norden in die Steinerne Heide und ins Tal der Sormitz, wo das Leutenberger Schloß grüßt. Im Westen und Südwesten verläuft in enger Schlinge die Frankenwald-Hochstraße, Steinbach am Wald scheint zum Greifen nah; wie eine geordnete Staffel streichen die Täler von Grümpel, Dober, Kremnitz, Kronach und Haßlach nach Süden. Kein Problem ist es, mit dem Glas dem Rennsteig zu folgen, man visiert den Ebershügel 714 m vor Kleintettau an und findet – die Raststätte Waidmannsheil.

Wir verlassen hier den Rennsteig und fahren auf dem Forstfahrweg nach Norden; 4 km sind es bis in die alte Schieferstadt Lehesten. Dabei halten wir einigermaßen die Höhe; verlieren nur wenig mehr als 50 m, die Ortslage Lehesten ist mit 640–670 m angegeben.

In der Umgebung befinden sich die größten ausbeutbaren Schiefervorkommen Deutschlands, heute ist der einstmals begehrte Rohstoff freilich nur noch als Dachschiefer gefragt, die Schie-

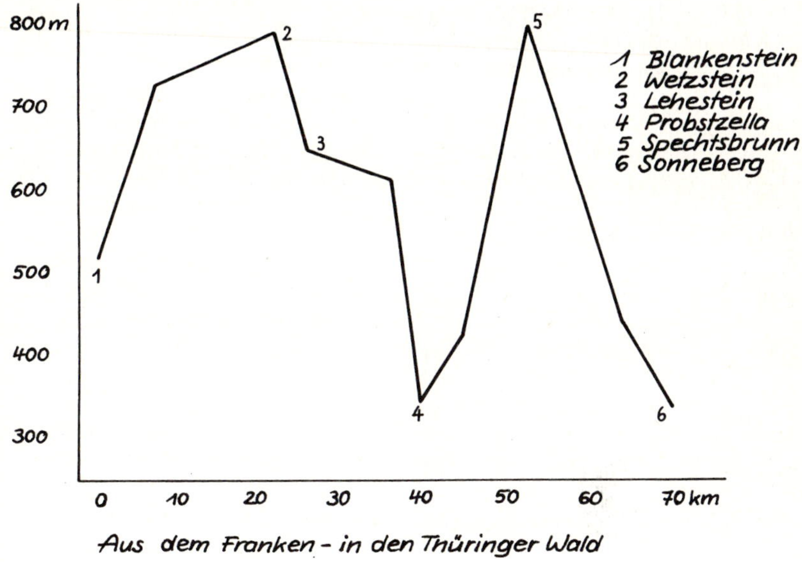

fertafelzeit der ABC-Schützen gehört längst der Vergangenheit an. Die an der Geologie des Schiefergebirges und speziell am thüringischen Dachschiefer Interessierten werden sich einen Besuch der einmaligen Aufschlüsse in den großen Brüchen kaum entgehen lassen; die Folge Blauer Stein – Dunkler Stein – Blaue Borden – Schwarze Borden und die komplizierte, dank doppelter Faltung entstandene Struktur sind jedoch auch für den weniger Eingeweihten nicht ohne Schauwert.
Lehesten war vierzig Jahre Grenzort, man spürt es doppelt; so angenehm Stille und Abgeschiedenheit auch empfunden werden, ein Gefühl der Bedrückung stellt sich allemal ein. Und das Neue braucht, entgegen manchen euphorischen Vorstellungen, auch seine Zeit, um im Alltag zu greifen.
Daß die Gastronomie dabei die Nase vorn hat, ist für die Touristen natürlich angenehm.

Wir wenden uns von Lehesten nach Nordosten, 4 km sind es bis Schmiedebach, von da 3 km bis Lichtentanne; mildes Gefälle macht die Fahrt leicht, man bleibt aber noch über 600 m. Daran ändert sich auch während der nächsten reichlich 5 km wenig; wir folgen der Straße über Großgeschwenda – um die 620 m – bis Kleinneundorf. Der Flecken liegt auf einem nordwestlichen Seitenzug der Steinernen Heide, tief unter ihm befindet sich Probstzella im schmalen Loquitztal, in das von Westen kommend die Zopte einmündet. Probstzella, auch eine Schieferstadt, war einmal ein bedeutender Eisenbahnknotenpunkt und wird es wohl auch wieder werden. Die Abfahrt führt von Kleinneundorf in das Städtchen.

Die Ortslage Probstzella wird mit 345 m Höhe angegeben. Man richte sich ein, die Seitenstreifen sind nicht befestigt. Wir bleiben auf der Straße im Zoptetal, fahren nach Westen 5 km bis Gräfenthal und verlassen es im Ortsteil Meernach. Von hier sind es schöne 7,5 km in südwestlicher Richtung bis Spechtsbrunn. Der Anstieg ist, der Logik gehorchend, hervorragend. Anzumerken ist: ca. 600 m hinter den letzten Häusern von Meernach gabelt sich die Straße. Wir benutzen den linken Zweig in Richtung Lichtenhain, da nimmt uns bald der Wald wieder auf. An der Kreuzung 2 km weiter hält man sich rechts und klettert die Serpentine hinauf. Von dieser Kreuzung an sind es reichlich 4 km Waldfahrt mit stetem Anstieg hinauf nach Spechtsbrunn, wo der Rennsteig gekreuzt wird. Der Gesamtanstieg von Probstzella aus beträgt mehr als 400 m; Spechtsbrunn erreicht schon knappe 800 m Höhe. Hier liegt auch der Scheitelpunkt dieser Tour; die folgende Strecke nach Süden – 17,5 km bis Sonneberg – ist eine langgezogene Abfahrt. Erste Station nach 2,5 km ist Hasenthal im Ölsegrund, es folgen weitere 5 km über Friedrichsthal und Eschenthal bis Georgshütte.

2 km hinter Georgshütte vereinigen sich unterhalb des Bocksberges (695 m) die Täler von Ölse und Rögitz, die von rechts zufließt. Für kaum 2000 m trägt das neue Flüßchen einen eigenen, treffenden Namen: Engnitz. Bei Blechhammer unterhalb des Loosbrand (700 m) mündet es in die Steinach; Ortslage Blechhammer (442 m). Von hier bis Hüttensteinach am Schönberg (622 m) sind es 4 km; von links mündet der Glasbach in die Steinach. Im Ortsteil Köppelsdorf biegen wir rechts ab und fahren hinein in die Puppenstadt Sonneberg.

Sonneberg

Dicht an den Südhang des Thüringer Waldes schmiegt sich die Kreisstadt; ihre Altstadt muß sich begnügen mit dem Platz im engen, von steilen Berghängen umrahmten Tal der Röden. Die Neustadt breitet sich schon in der weiten Linder Ebene aus, die kaum noch 400 m Höhe erreicht, und in der die Steinach, durch Oberlind hindurch,

Nähe Sonneberg

Museum Sonneberg

nach Süden zum Main fließt. Für 1207 ist eine erste Siedlung bezeugt, die 1317 als Stadt bezeichnet wird. Eine arme Stadt, die in der gebirgigen, agrarisch wenig ertragreichen Umgebung kein gutes Fortkommen hat. Doch gegen Ende des 15. Jh. übernehmen Nürnberger Kaufleute den Fernabsatz der seit alters her im „Hauswerk" geschnitzten Holzwaren. Und dazu zählen auch die beliebten „Docken" – die Puppen. In Sonneberg und Umgebung begann sich eine Gewerbelandschaft auszuprägen, erst recht, als nach 1648 der Handel mit den sog. Sonneberger Waren in einheimische Hände überging.

Um 1740 kam das Bossieren auf – eine Teigmasse wurde zu plastischen Formen geknetet. Damit trennte sich die Spielwaren- von der Holzwarenfertigung – das war der zweite Schub für das Gewerbe. Überproduktion und Preisverfall drückten nicht die Verleger, sondern die Produzenten. Der Herzog von Sachsen-Meiningen erließ 1789 das „Große Sonneberger Handels-Privileg", das Herstellung und Handel streng trennte. Viele „Professionisten" sanken endgültig auf die Lohnarbeiter-Stufe herab. 1806 führte Friedrich Müller Papiermaché als Werkstoff ein; später folgten Guttapercha und Porzellan. 1851 wird das Jahr des „Täuflings", der weltbekannt gewordenen Sonneberger Babypuppe. Die Bergdörfer ringsum wurden in die Fertigung einbezogen, Mengersgereuth-Hämmern z. B. avancierte zur deutschen Spielschiffswerft. Um den sich ausbreitenden kitschig-naturalistischen Tendenzen zu wehren, wurde 1883 die Industrieschule gegründet. Bis zum Ausbruch des 1. Weltkrieges sicherten sich die Sonneberger Unternehmer einen stetig wachsenden Anteil am Welthandel, Hauptabnehmer waren die USA. 1910 erhielt die Schaugruppe „Thüringer Kirmes" auf der Brüsseler Weltausstellung einen Grand Prix.

Stets blieb jedoch die „Sonneberger Handlung" extrem export- und konjunkturempfindlich, in der Weltwirtschaftskrise geriet sie an den Rand des Ruins. Das Dritte Reich half auf seine Weise; die Spielzeugmacher wurden zu Uniformschneidern, 1944 ließ sich sogar das Bekleidungsamt der Luftwaffe in der Stadt nieder. Nach 1945 gelang es den Sonnebergern, mit ihrem traditionsreichen Spielzeug und den PIKO-Eisenbahnen auf dem Weltmarkt wieder Fuß zu fassen.

Manches Zeugnis dieser hier kaum skizzierten Entwicklung findet man im *Spielzeugmuseum* in der Beethovenstraße wieder. 70000 Spielzeuge von Kindern aller Völker wurden hier gesammelt, etwa ein Zehntel davon wird auch gezeigt. Das Erdgeschoß ist dem Technischen Spielzeug, den Zinn-

Glasbläserstädtchen Lauscha

figuren und den Modelleisenbahnen vorbehalten, im 1. Obergeschoß werden die Puppen vorgestellt. Hier befindet sich auch die Gruppe „Gulliver in Liliput", die ihre Premiere auf der Londoner Weltausstellung 1851 feierte. Im Souterrain sind die „Thüringer Kirmes" zu sehen und die Schau „Kinder der Sonneberger Spielzeugmacher um 1900". Man verläßt sie nicht ohne Bewegung; Not, Hunger und frühes Siechtum waren ständiger Gast am Tisch in den Stuben der Heimarbeiter.

Wer sich in der Stadt umschaut: Stadtkirche und Altes Rathaus sind neugotisch 1843–45, mehr ist dazu nicht zu bemerken. Dagegen lohnt ein Bummel nach *Oberlind*; die *Dorfkirche* hat ein spätgotisches Langhaus von 1455, das 1748 barock verändert wurde, einen im Kern frühgotischen Turmchor, bemalte Emporen und einen schönen Taufstein. Der Friedhof ist mit einem doppelten Mauerring befestigt; Torbau und Zugbrücke stammen von 1524.

Sonnebergs Umgebung

Wir nutzen mit Rücksicht auf die weitere Tour Sonneberg für einen hübschen Ausflug nach Norden, hinauf in die engen Täler, um in Form zu bleiben. Einen guten Kilometer westlich vom Schleifenberg (665 m) verlassen wir die Stadt auf dem Weg im Tal der Röden, haben nach reichlich 3 km 520 m Höhe erreicht und stoßen nach weiteren 3 km auf die Straße im Steinachtal, die von Blechhammer nach Steinach führt. Um die Eisenhämmer von 1519 – der „Oberhammer" – und 1613 – der „Unterhammer" – herum entstanden die erst 1844 vereinigten Siedlungen, die 1920 Stadtrecht erhielten. Am Bergbau Interessierte besuchen die Pingen am Breiten Berg (782 m) und am Tierberg (805 m),

die Langenthaler Grube und die Stollen unterhalb der „Pump"-Flur. Alte Hochöfen von 1719 und 1727 stehen noch im Werk Augustenthal. Zum Eisenerzbergbau gehören auch das Alte (nach 1699) und das Neue Herrenhaus (nach 1747).

Die große Steinacher Merkwürdigkeit sind aber die Märbeln. Salzburger Protestanten führten die Märbelmüllerei um die Mitte des 18. Jh. in Steinach ein; die Alte Mühle von 1769 stammt aus dieser Zeit. Die kleinen Steinkugeln wurden von der Marine zur Zerstörung der feindlichen Takelage benötigt, England war ein Hauptabnehmer. Später waren sie ein außerordentlich begehrtes Kinderspielzeug; von Steinach aus breitete sich die Märbelmüllerei südlich des Thüringer Waldes aus und um 1900 waren 87 (!) Märbelmühlen in Betrieb. Der Kunstmärbel setzte in den zwanziger Jahren dem Gewerbe ein Ende. Eine andere lokale Feinheit war das Schiefergriffelgewerbe, das von Sonneberg ausging. Dessen „Schieferbüchlein" wurde 1624 zur großen Attraktion der Frankfurter Messe; um 1900 besaßen die Steinacher Schiefergriffelhersteller das Weltmonopol.

Die 5 km von Steinach nach Lauscha legen wir auf der Straße zurück; der Anstieg ist intensiv. Die untere Ortslage von Lauscha liegt ja auch bei ca. 570–600 m, der Pappenheimer Berg zeichnet 835 m, die Igelskuppe am Bahnhof Oberlauscha 800m. Lauscha ist nun der Ort, um endlich ein paar Worte übers Glas zu verlieren. Zwei Männer, als Protestanten zum Auswandern gezwungen, kamen: Hans Greiner aus Schwaben und Christoph Müller aus Böhmen. Beide waren Glasmacher, mit ihnen entstand 1597 die Lauschaer Glashütte, die zur Mutterhütte der neueren thüringischen Glashütten wurde. Bis 1905 existierte sie –

Bei Lauscha

da wurde sie als Verkehrshindernis abgerissen.

Im *Museum* in der Oberlandstraße wird nicht zu Unrecht der Anspruch erhoben, Glaskunst zu zeigen. Der Bogen spannt sich vom Waldglas des 17. Jh. über Gläser mit Emailmalerei des 18. Jh. bis zu den Kunstglasarbeiten des 19. Jh. Aber auch Perlen, Christbaumschmuck und moderne Erzeugnisse Lauschaer Glaskunst sind zu bewundern.

Ein Katzensprung von 2–3 km sind es noch bis Neuhaus am Rennweg, allerdings kommen auf der kurzen Strecke noch einmal erkleckliche Höhenmeter auf Ihr Konto. Neuhaus, mit einer Ortslage von 730 bis 780 m, war einmal die höchstgelegene Kreisstadt der DDR. Ihre Geschichte ist kurz; die Glashüttensiedlung Schmalenbuche, 1607 als erste Lauschaer Tochterhütte gegründet, die Köhlersiedlung Iselshieb und die fürstliche Jagdhaussiedlung Neuhaus vereinigten sich 1922 zu einer Gemeinde.

Der Glasbläser und Mechaniker Geißler (1814-1879) aus Igelshieb erfand die Geißlersche Röhre, Vorläufer aller edelgasgefüllten Leuchtröhren, und wurde so ein wirklicher Vater späterer Reklametechnik. Er verließ seine Heimat früh, lebte als Glasbläser an verschiedenen Universitäten, bevor er sich mit eigener Werkstatt in Bonn niederließ. 1868 promovierte ihn die Bonner Universität zu ihrem Ehrendoktor.

Neuhaus gilt als schneesicher und ist Wintersportzentrum mit Loipen, Rodelbahn und Kleinschleppliften. Auch das Hallenbad mit Sauna wird zu jeder Jahreszeit gern aufgesucht. Der Neuhauser Bornhügel ist mit 845 m vermessen, in Rufweite vom Gipfel entfernt entspringt die Steinach. Runde 700 m in Nordwest verläuft der Rennsteig ein Stück nach Südwesten, zwischen Steinheid und Scheibe-Alsbach hindurch. Vom Bornhügel nach Norden geschaut sind es exakte 8 km bis

Unterwegs...

Cursdorf – Sie erinnern sich, da standen wir schon, am Endpunkt der Oberweißbacher Bergbahn. Beinahe hat sich der Kreis geschlossen, auch auf die Schwarza-Quelle haben wir verwiesen – genau 3,5 km Luftlinie trennen sie vom Ursprung der Steinach. Mit der Feinheit, daß sich genau dazwischen der Kamm, der Rennsteig, befindet. Die Steinach geht zum Main, die Schwarza zur Saale. In Neuhaus kann man das Phänomen der Wasserscheide studieren wie selten anderswo.

Treten Sie die Tour zur rechten Jahreszeit an, dann werden Sie das Rad auch einmal stehenlassen. Zwischen Neuhaus und Sonneberg reiht sich ein Schutzgebiet an das andere. Die *Löschleite* nördlich am Steinacher Fellberg (842 m) – eine 40°-Steilmulde –, der *Steinachgrund*, das *Haselbachtal* und der Ostabfall vom Großen First zum tief eingeschnittenen *Ölsetal* – Eschenthal, Georgshütte – sind zu nennen.

Wir kehren von unserem Ausflug zurück nach Sonneberg und erinnern uns vielleicht an das Gesehene und Gehörte. Puppen und Schiefergriffel, anmutige Weihnachtsengel mit goldenem Haar, Märbeln und Glasaugen, Leuchtröhren, Modelleisenbahnen und Waldglas hat dieses stille Land hervorgebracht. Der Wald ist die große Heimat, ist Quelle von Rohstoff, Nahrung, Geborgenheit. Da gibt es Geschichten und Legenden, die man sich am Kienfeuer erzählen lassen muß. Da gibt es Brät'l und Pilzpfannen und Schnietla, die köstliche Suppe, gegen die auch ein Thüringer Allerlei aus erstem Hause nicht ankommt. Davon zu erfahren, bedarf es weniger der Geduld, als der Bereitschaft. Die Thüringer werden es Ihnen danken.

Von Sonneberg übers Gebirge nach Ilmenau und zum Kickelhahn – 66,5 km –

Vermutlich wird dieser Abschnitt eine der eigentlichen Bergfahren des gesamten Rundkurses. Die Strecke ist kurz – es sind nicht mehr als 66,5 km –, dafür geht es aber auf und ab. Die wichtigsten Stationen sind: Sonneberg, 0,0 km – Steinheid, 13,0 km – Masserberg, 27,0 km – Neustadt am Rennsteig, 35,5 km – Dreiherrenstein/Morast, 40,5 km – Ilmenau, 51,8 km – Kickelhahn, 58,5 km – Bahnhof Rennsteig, 66,5 km.

Wir verlassen Sonneberg im nordwestlichen Ortsteil Bettelhecken auf der Straße 89 in Richtung Mengersgereuth-Hämmern, es sind nur 4 km. Als Starthöhe vermerkt man knappe 400 m; am Ortseingang von Hämmern sind es rund 500 m. Gleich in Hämmern biegt die Straße Nr. 89 scharf links ab, wir fahren geradeaus weiter, überqueren noch vorm Bahnhof Hämmern die Effelder – der Fahrweg in ihrem Tal soll uns nach Steinheid bringen. Im Ortsteil Augustenthal verlassen wir Mengersgereuth; der Buhler (829 m) halb links vor uns kündigt an, was uns erwartet. Der Wald ist dicht und geschlossen, der Weg erschreckend geradlinig und einsam, die Steigung ohne Erbarmen. Nicht Haus noch Hof, in Hörweite murmelt die Effelder. So geht es ca. 6,5 km, dann – wird es für gute 1000 m noch steiler, denn der Weg schneidet den Großen Mittelberg (837 m) an. Wir meistern die 800-m-Linie, bleiben auf dieser Höhe; am Hohewart stößt unser Weg auf die Steinacher Straße – der Südostzipfel von Steinheid ist erreicht. Von rechts nickt uns der Kieferle (868 m) anerkennend zu. Zum Verschnauf die Informationen:

Entlang der Oberläufe von Werra, Schwarza, Grümpen, Steinach und Göritz wurde zum Teil noch bis ins 17. Jh. Gold gewaschen. *Steinheid* war eines der Reviere; Bergleute aus Sachsen, Böhmen und Ungarn kamen. Die Blütezeit währte kaum zwanzig Jahre und dennoch waren die Konsequenzen bedeutend – der kaolinhaltige Glassand, am Steinheider Sandberg z.B., wurde entdeckt. Das Vorkommen wurde zum entscheidenden Standortfaktor für die Lauschaer Glashütten und die Porzellanmanufakturen zunächst um Veilsdorf herum. Im Steinheider Ortsteil Limbach entstand eine wichtige Keimzelle der Thüringer Porzellanindustrie. 1761 nämlich gelang Gotthelf Greiner, dem Sohn des Lauschaer Hüttenbesitzers, die Nacherfindung des Hartporzellans. Nach jahrelangem vergeblichem Mühen um eine Konzession gründete er schließlich seine Manufaktur in Limbach.
Seine Nacherfindung, der gesegnete Glashandel der Familie und glückliche Finanzspekulationen ermöglichten es dem tüchtigen und frommen Gotthelf in der Folgezeit, eine ganze Gruppe von Glashütten und Porzellanmanufakturen in den Greinerschen Familienbesitz zu bringen. Greiner gilt als Vater der Thüringer Porzellanindustrie und auch heute noch als Vorbild jedes aufrechten Unternehmers der Branche.

Wir interessieren uns nicht für den Steinheider Wintersport, finden im Norden des Ortes die Straße Nr. 281, biegen links ein, umfahren den Petersberg (819 m) und kommen auf den Parkplatz in Limbach. Da ist die Zinswiese – der Rennsteig hat uns wieder! Reichlich 2 km folgen wir ihm

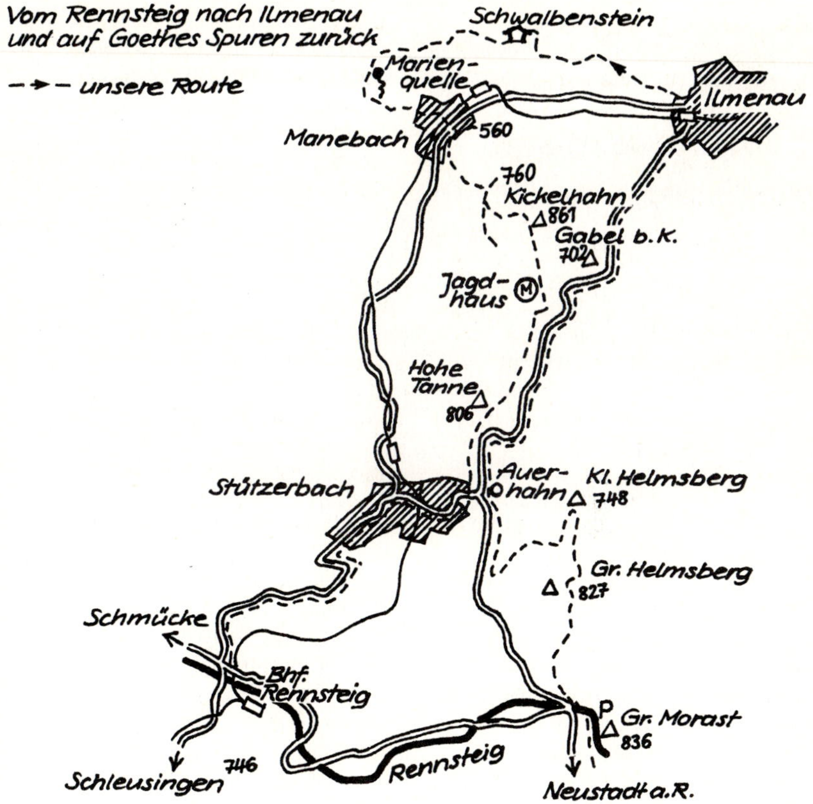

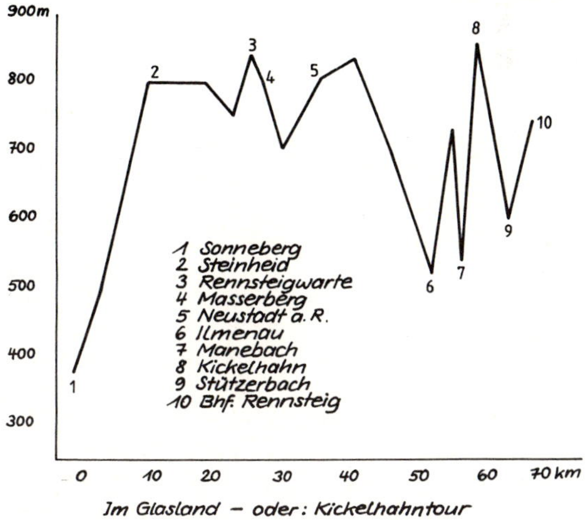

Im Glasland – oder: Kickelhahntour

Neustadt am Rennsteig

nach Westen bis zur großen Weggabelung bei den Soldatengräbern, da steht der Dreistromstein, 0,5 km nordwestlich von Siegmundsburg. Der Stein markiert die phänomenale Wasserscheide zwischen Elbe-, Weser- und Rheingebiet. Weser? Jawohl, 6 km nordwestlich des Steins, am Fehrenbacher Sommerberg, entspringt die Werra! Kaffetrinkend in der Werraquellbaude kann man ihr dabei zusehen und mit Wehmut feststellen, wie sauber sie ist.

Die Straße Nr. 281, die von Siegmundsburg über Schwarzenbrunn/Sachsenbrunn nach Eisfeld führt – es sind 11 km – veranlaßt uns zu einem Hinweis auf die Stadt Otto Ludwigs.

Eisfeld

Das freundliche alte Städtchen am Oberlauf der Werra, 802 zuerst erwähnt, Stadtrecht 1323, Station an der Nürnberger Straße, lohnt in mancherlei Hinsicht eine Stippvisite. Die *Dreifaltigkeitskirche*, im wesentlichen spätgotisch; das Schulhaus, ein Fachwerkbau mit massivem Erdgeschoß und dem „Schulmännle", einer steinernen Figur, das Fachwerk-Pfarrhaus und das Schloß mit dem *„Steinernen Haus"* sind anzuschauen. Das Museum im Schloß zeigt die Geschichte der südthüringischen Porzellanindustrie, historische Gewerbe wie Holzstabweberei und Holzpferdeschnitzerei, aber auch bemalte Truhen und Schränke, Majolika-Kacheln und – die letzte Märbelmühle des Gebietes, bis 1939 war sie noch in Betrieb.

Eisfeld ist vor allem jedoch die Heimatstadt des Dichters Otto Ludwig, der hier am 12. Februar 1813 geboren wurde. Ludwig strebte nach realistischer und psychologisch vertiefter Lebensdarstellung. „Die Heiterethei" (1854) und „Zwischen Himmel und Erde" (1856) werden heute noch verlegt und gelesen und sind Bestandteil des deutschen Literaturerbes. Das spätklassizistische Gartenhaus unterm Heinig, in dem der Dichter seine Jugend verlebte, steht in einer romantischen Parkanlage mit Freilichtbühne; die Ausstellung in der Gedenkstätte unterrichtet über Leben und Werk Ludwigs, der nach langer Krankheit 1865 in Dresden starb.

Eisfeld hat eine mittlere Ortslage von 450 bis maximal 500 m. Wie steil der Südabfall des Schiefergebirges sein kann, erlebt man auf der Rückfahrt zum Rennsteig. *Sachsenbrunn* hat 490 m Ortshöhe; der vom Forsthaus des Ortsteiles *Schwarzenbrunn* gerade 3 km in Luftlinie entfernte Bleßberg bringt es auf 866 m! Beide Ortsteile geben Anlaß zum Verweilen; beeindruckend anzuschauen ist die Sachsenbrunner Tanzlinde, ein Naturdenkmal; der Eibenforst in der Nähe Schwarzenbrunns ist in hiesigen Breiten ohnehin eine Rarität.

Wir haben von der Gabelung am Dreistromstein bis Masserberg gut 10 km veranschlagt als reine Rennsteigstrecke. Die wichtigsten Orientierungspunkte unterwegs sind: 2 km bis Friedrichshöhe, die Gaststätte liegt genau auf der 800-m-Höhenlinie. Ein wenig von der Höhe verliert man auf den nächsten 4 km bis zum Sauberg und der Eisfelder Ausspanne. Da zweigt links der Meistergrund ab, er führt nach 2 km zum Werrateich am Südfuß des Zeupelsberges (759 m). Vom Werrateich läuft ein Wanderweg um den Zeupelsberg herum nach Norden zur Werraquelle und hinein nach Fehrenbach.

Hinter der Eisfelder Ausspanne biegt der Rennsteig plötzlich scharf nach Westen ab, steigt wieder an, überschreitet knapp die 800 m und erreicht, nach altem Nordwestverlauf über 2,5 km die Rennsteigwarte (841 m). Man steigt auf den Aussichtsturm hinauf oder sucht das Restaurant auf und fährt danach die restlichen knapp 1,5 km hinein nach Masserberg.

Eisfeld

Der Ort ist einer der hochgelegenen Kur- und Ferienorte und natürlich ein Wintersportzentrum. Es gibt eine Rodelbahn, mehrere Übungshänge mit einem Lift, zwei Sprungschanzen im Rehtal und markierte Skiwanderwege. Hier befindet sich auch ein heilklimatisches Sanatorium für Erkrankungen der Augen. Fußwanderer bevorzugen Ausflüge zur Werraquelle, zur Rennsteigwarte, auf den Eselsberg (841 m), in die Fehrenbacher Schweiz.

Wir verlassen Masserberg nördlich der Biberquelle, der Rennsteig verläuft ab Bühringshütte beinahe exakt nach Norden – 8,5 km sind es bis Neustadt am Rennsteig. Eine wichtige Station ist nach 3 km am Parkplatz Schwalbenhaupt erreicht, hier kreuzt eine der Schleusinger Straßen den Rennsteig und stellt die Verbindung zum Schwarzatal her. Über Laßmannstein, Erfurter Stollen und vorbei an der Teufelsbuche geht es 4 km zum Kohlhieb

Gasthaus Auerhahn

(790 m); von da sind es noch 1,5 km bis Neustadt. Mit einem Hochpunkt von 805 m zieht der Rennsteig mitten durch den Ort, in dem es auch einen Parkplatz und eine Tankstelle gibt. 3 km südwestlich von Neustadt befindet sich die rund 100 ha große Trinkwassertalsperre Schönbrunn, die von der am Rennsteig entspringenden Schleuse gespeist wird. Bis dahin sind es für uns noch 5 km in nordwestlicher Richtung; am Großen Morast (836 m), genauer, am Parkplatz Dreiherrenstein, verlassen wir den Rennsteig – Ilmenau ist angezeigt.

Der Grenzstein am Morast ist ein sogenannter Großer Dreiherrenstein und stammt aus dem Jahre 1587. An den so markierten Punkten des Höhenweges stießen die Grenzen dreier Staaten oder Ämter aneinander – sechzehnmal war dies auf der Gesamtlänge des Rennsteigs der Fall. Der Neustädter „Dreiherrichte rauhe Markstein allhier Sächsisches, Hennebergisches und Schwarzburgisches scheidet“. Auf seine Weise ist der Stein eine überzeugende Urkunde vergangener deutscher Kleinstaaterei.

Wir haben bis Ilmenau 11,5 km gerechnet, die in zwei Etappen zurückgelegt werden sollen: die ersten 5,5 km auf einem Wanderweg: Mauswiese – Großer Helmsberg (827 m) – Kleiner Helmsberg (748 m) – Eulensteinfelsen; von da auf einem Schlängelbogen durch den Breiten Grund zum Gasthaus Auerhahn an der Frauenwalder Straße. Auf ihr sind es dann noch 6 km bis Ilmenau.

Die erste Etappe führt durch das mehr als 200 ha große NSG Marktal und Morast, das einen charakteristischen Ausschnitt aus Hochlage und Nordabdachung des Thüringer Waldes repräsentiert. Die Rotbuche erreicht hier eines ihrer höchstgelegenen Vorkommen; auf den stärker vermoorten

Arnikawiese bei Geldorf

Gästehaus in Oberhof

afé in Oberhof – Nähe Bobbahn

Wasungen: Damenstift

Saalburg

Heidecksburg in Rudolstadt

der Heidecksburg

Dorf Nähe Probstzella

Dorfromantik bei Orlamünde

Standorten findet man den Sonnentau, die Moosbeere und das Gefleckte Knabenkraut. An den meisten Stellen jedoch dominiert die Heidelbeere ihre Mitbewerber.

Als höchst bemerkenswert gilt die Vogelwelt: Sperlings- und Rauhfußkauz brüten; sowohl das Auer- als auch das Birkhuhn kommen im Revier noch vor.

Vom Gasthaus Auerhahn geht es mit Gefälle rechts an der Hohen Tanne (806 m) vorbei, es folgen die Parkplätze Hirtenwiese und Herzogröder Wiesen rechts vom Gabelbachkopf (702 m) – dann grüßt uns schon das Denkmal Viktor von Scheffels. Die Waldstraße läuft geradewegs auf Ilmenau zu und erreicht beim Sommerbad den Stadtrand. Wir bleiben auf dieser Straße, fahren bis zur Tankstelle am Bahnhof und von da hinein ins Zentrum, das sich um den historischen Marktplatz gruppiert.

Ilmenau

Das mittelalterliche Ilmenau wechselte von einer Grafenhand in die andere, Käfernburger und Schwarzburger tummelten sich hier und natürlich die Henneberger. Als wichtigem Umspannposten an der Nürnberger Straße ging es der Stadt wirtschaftlich nicht übel, zudem profitierte sie erheblich vom Bergbau auf Sanderze, auf Kupfer und Silber. 1660, nach dem langen Krieg, kam sie an Sachsen-Weimar, und mit der neuen Zeit hielt das Elend seinen Einzug. Der Bergbau mußte 1739 eingestellt werden; ein verheerender Stadtbrand im Jahre 1752 und die Folgen des Siebenjährigen Krieges beschworen die sog. „Ilmenauer Zustände“ herauf. Mißwirtschaft und Korruption der herzoglichen Beamten brachten 1768 das Faß zum Überlaufen, die Bürger probten den Aufstand. Immerhin dauerte es danach noch 12 Jahre, bis der Herzog seinen Minister Goethe mit weitreichenden Vollmachten in die Stadt schickte, auf daß er mit der „aufgeklärten Reform“ beginne. Goethe tat's und mühte sich redlich; vieles geriet dann auch zum Besseren – den Bergbau konnte auch er nicht am Leben erhalten. Dem 1784 feierlich eingeläutetem Neubeginn folgte 1796 der endgültige Zusammenbruch. Das traurige Jahr beendete auch Goethes soziales Wirken in Ilmenau, fortan mied er die Stadt für 17 Jahre; erst im Alter suchte er sie wieder auf. Im 19. Jh. entwickelte sich die Stadt zum Hauptstandort der deutschen Glasinstrumentenherstellung. Ilmenau war Sitz der Verbände und Syndikate der Glasindustrie, eine Fachschule wurde gegründet. – 1953 erhielt die Stadt eine Hochschule für Elektrotechnik; nach 1970 wurden die Betriebe Henneberg-Porzellan (hervorgegangen aus der Porzellanmanufaktur von 1777), Technisches Glas, Labortechnik und Elektroglas bedeutend erweitert und modernisiert. Die Firma Henneberg-Porzellan zählt zu den Werken, die auch auf dem europäischen Markt mithalten können.

Im *Amtshaus* am Markt, einem zweigeschossigen Renaissancebau von 1616, wohnte Goethe. Heute ist es Museum mit einer Gedenkstätte; sein Wohn- und Arbeitszimmer ist original erhalten. In weiteren Räumen wird über Ilmenaus Geschichte, über Goethes Wirken für die Besserung der sozialen und wirtschaftlichen Verhältnisse in der Stadt und für die Wiederbelebung des Bergbaues, über die Entwicklung der Porzellan- und Glasherstellung informiert. Das *Rathaus* ist ein nur wenige Jahre älterer Renaissancebau, der nach dem Stadtbrand wiederhergestellt wurde. Auf dem Marktplatz steht der *Henne-*

Stützerbach

brunnen, der im Brandjahr entstand. Auch die *Stadtkirche* entstand nach dem Brand neu; G.H. Krohne trug dazu bei. An die Prosperität des frühen Ilmenauer Bergbaues erinnert das *Alte Zechenhaus* von 1460 an der Sturmheide; das sog. Neue Zechenhaus ist 400 Jahre jünger.

Die Rücktour von Ilmenau hinauf auf den Rennsteig soll im wesentlichen auf dem markierten Goethewanderweg erfolgen, weil er durch die landschaftlich reizvollsten Partien führt und die Stätten berührt, die man ohnehin aufsucht oder jedenfalls aufsuchen sollte. Er beginnt am Ilmenauer Amtshaus, führt am Friedhof und an der Porzellanfabrik vorbei zur Sturmheide am westlichen Stadtrand Ilmenaus. Von hier geht es über den mittleren, dann den oberen Berggraben zum Schwalbenstein. Wir nähern uns wieder der 700-m-Höhenlage; von der Schutzhütte auf dem Porphyrfelsen hat man einen schönen Panoramablick ins Tal und auf die Höhen gegenüber. Auf einem von Birken gesäumten Waldweg ist es nun noch ein Kilometer bis zum Schöffenhaus, einem Ferienheim mit öffentlicher Gaststätte. An der Marienquelle biegt der Weg nach Süden um, führt östlich an dem im Fichtenhochwald gelegenen Emmasteinfelsen (799 m) vorbei und fällt sofort steil nach Manebach ein – hier ist Vorsicht geboten. Zwischen Kantorhaus und Haupstraße wird mit ca. 540 m der tiefste Punkt erreicht. Die Straße überquert man südlich des Bahnhofs; über die Stationen Kammerberg (560–600 m), Goldhelm (680 m), Höhe Höllkopf (730 m), Großer Herrmannstein (ca. 820 m), erfolgt der nur 2,5 km lange steile Aufstieg zuerst durch Hoch-, später Fichtenjungwald zum Kickelhahn (861 m). Mehr als 300 m Höhe werden auf der kurzen Distanz gewonnen.

Kickelhahn

Der Aussichtsturm auf dem Kickelhahn wurde 1854 errichtet; die Plattform befindet sich bei 882 m ü. NN – der Rundblick ist entsprechend. – Im Herbst 1780 reiste Goehte durch Thüringen, am 6. September schrieb er mit Bleistift das wohl bekannteste seiner Gedichte an die Bretterwand der Jagd-

Jagdhütte auf dem Kickelhahn

hütte auf dem Kickelhahn: „Über allen Gipfeln ist Ruh . . .“

Vom Kickelhahn führt der Weg munter bergab zur 1 km entfernten Gedenkstätte *Jagdhaus Gabelbach.*
Das Haus war im Jahre 1783 in Eile errichtet worden; Carl August hatte den Herzog von Kurland zur Jagd eingeladen, eine standesgemäße Unterkunft war geboten. Später hielt sich Goethe häufig in dem einfachen spätbarocken Holzbau auf. Das Museum gibt Einblick in das Jagdleben des Weimarer Hofes; Waffen, Trophäen und Dokumente sind zu besichtigen. Goethes Schlaf- und Schreibkammer wurden weitgehend mit originalem Mobiliar ausgestattet. Hervorzuheben ist eine kluge und sorgfältig gestaltete Ausstellung in den ehemaligen Räumen des Herzogs,

Aufstieg zum Kickelhahn

die Goethes naturwissenschaftlichen Studien in Thüringen gewidmet ist.

Wir fahren vom Jagdhaus 3 km nach Süden, über die Hirtenwiese, östlich vorbei an Kesselhaupt und Hoher Tanne zum Gasthaus Auerhahn und von da hinunter nach Stützerbach. Der Ort gehört zu den weltbekannt gewordenen Thüringer Glashütten. Um 1830 gelang dem Glasbläser F.F. Greiner in Stützerbach

Goethehaus in Stützerbach

die Herstellung von Thermometern im Lampenglasblasverfahren; damit war der Grundstein für die Thüringer Glasinstrumentenindustrie gelegt. An den führenden Universitäten jener Zeit gingen die Naturwissenschaftler zur Laborpraxis über, sprunghaft stieg der Bedarf an Glasinstrumenten an. Otto Schott wagte in der Stützerbacher Hütte die ersten großen Schmelzversuche mit Thermometer-Normalglas und hier wurden auch die Spezialgläser für Röntgenröhren entwickelt. Die erste funktionsfähige Röhre entstand bei den Experimenten, die Röntgen selbst in Stützerbach durchführte.

Stützerbach ist Kurort, seit 1933 Kneippbad. Wer sich umschaut, wird viel Freundliches finden und manches Vernünftige entdecken – und die Defizite nicht übersehen, die in der DDR-Vergangenheit auch durch engagierteste Tätigkeit des Personals nicht zu kompensieren waren.

Vor uns liegen die letzten 3,5 km dieses Tourenabschnitts. Wir fahren durch den Ort zu Forsthaus und Gaststätte im Präzeptorsgrund. Und von da auf der Straße Schleusingen-Ilmenau hinauf zum Paß. Wenige Meter östlich befindet sich der Bahnhof der Reichsbahn; am 31. Oktober 1904 wurde die Strecke Ilmenau-Schleusingen eingeweiht, 746 m beträgt die Höhe im Scheitel der Trasse.

Die letzten anderthalb Kilometer Anstieg am Reifberg tangiert die Straße ein kleines Schutzgebiet, das einst eingerichtet wurde, um die Übergangszone zum hohen Thüringer Wald vor allem forstkundlich zu dokumentieren. Falls Sie absteigen und rechts der Straße ein Stück in den Wald hineinschauen: die Tannen sind zum großen Teil ausgefallen und die Fichten randlich von starken Schneebruchschäden gezeichnet.
Die ehemals ursprüngliche Gesellschaft von Tannen, Buchen, Fichten und Ebereschen wird wohl für immer – wie in anderen hoch genug gelegenen Bereichen des Rennsteiges auch – der Vergangenheit angehören.

Vom Rennsteig ins Werratal: über Schleusingen und Suhl nach Meinigen

– 60,5 km –

Diese Teilstrecke ist noch kürzer als die vorangegangene und nur 60,5 km lang – allerdings ohne die „Meininger Ausflüge". Die Stationen sind:

Bahnhof Rennsteig, 0,0 km – Schmiedefeld, 2,5 km – Schleusingen, 17,0 km – Suhl, 38,5 km – Rohr, 54,0 km – Meiningen, 60,5 km.

Vom Rennsteig bis Schmiedefeld folgen wir der Straße Nr. 4; es rollt, die Ortslage Schmiedefeld beläuft sich auf 680–700 m. Der Ferienort ist ein Wintersportzentrum mit ausgedehntem Skigelände, Lift und Sprungschanze. Im Norden flankieren der Große Finsterberg (944 m) und der Große Eisenberg (908 m) den Rennsteig. Für die Abfahrt nach Schleusingen bietet sich die Straße Nr. 4 an, auf ihr wären es ca. 13 km. Sie angesichts des Vessertales zu nutzen, käme allerdings einer Sünde gleich. So verlassen wir Schmiedefeld im Südosten, fahren eine ca. 4 km lange Schleife um den Rubelsberg (681 m) herum und danach im Vessertal 4,5 km nach Süden bis zur Sensenhammermühle. Rechts von unserem Kurs erheben sich die „Wände": am Schleifenende zuerst die Herrenhügel, dann folgen Glasbachswand, Löffeltalswand und Rottwand. An der Mühle beginnt der Ortsteil Breitenbach; wir fahren 3 km durch den Langen Grund bis kurz vor Sankt Kilian. An der Gabelung bleiben wir links, rechts geht es auf die Straße Nr. 247. Vorbei an der alten Bleiweißmühle und durch Sankt Kilian hindurch sind es noch gute 2 km bis in Schleusingens kleine Altstadt.

Schleusingen

An der Südabdachung des Thüringer Waldes liegt Schleusingen in rund 400 m Höhe am Zusammenfluß von Nahe, Erle und Schleuse, umgeben von bewaldeten Bergen. Von 1274 bis 1583 gehörte es den gefürsteten Grafen von Henneberg, die im 13. Jh. die Bertholdsburg erbauten. Berthold VII. (1284–1340) aus der Linie Schleusingen schuf mit der sog. Neuen Herrschaft um die aufstrebende Stadt Schmalkalden eine gewichtige hennebergische Landesmacht. Im Dienste dreier Könige übernahm er schwierige Missionen, wurde engster königlicher Berater, verwaltete nacheinander die königlichen Kerngebiete Böhmen und Brandenburg. Als dafür gefürsteter Graf behauptete er sich geschickt gegenüber den territorial mächtigeren hessischen Landgrafen und den Wettinern. Die kleinliche, bornierte Erbteilungspolitik seiner Nachfolger verspielte Aufschwung und Geltung wieder.

Aus der *Burg* entstand Ende des 15. bis Anfang des 16. Jh. in den Formen von Spätgotik und Renaissance das *Schloß* als unregelmäßige Vierflügelanlage um einen kleinen Hof. Im Süden befindet sich der sog. Residenzbau mit drei Ecktürmen, einem Treppenturm und einer zweigeschossigen Loggia neben dem Hauptturm. Von den Räumen hervorzuheben sind ein zweischiffiges Gewölbe mit Wandgemälden zum Themenkreis der Herkulessage aus der ersten Hälfte des 17. Jh. und die alte Küche mit Kreuzgewölben. Das im Schloß untergebrachte Heimatmuseum informiert über die Naturgeschichte der

Region und die historische Entwicklung der Stadt und ihres Umfeldes; Papierherstellung, Buchkunst und hennebergisches Münzwesen sind Schwerpunkte. Zum Bestand der Bibliothek gehören wertvolle Inkunabeln und Notenhandschriften des 10. bis 16. Jh.

Der gesamte *Markt* steht unter Denkmalschutz. Das *Rathaus* entstand nach 1586 unter Benutzung spätgotischer Formen aus dem Witwensitz der Gräfin Elisabeth von Henneberg. Der Marktbrunnen mit ihrem Standbild wurde um 1600 aufgestellt. An der Südseite der *Stadtkirche St. Johannis* findet man die gotische Ägidienkapelle, seit 1566 Erbbegräbnis der Grafen von Henneberg; elf Grabsteine aus dem 15. und 16. Jh. stehen hier.

Von Schleusingen nach Suhl könnten wir die Straße Nr. 247 benutzen, es wären nicht mehr als 14 km. Allein, dies hieße, allen wundervollen Herausforderungen aus dem Wege zu gehen. So folgen wir denn der Straße nur 4,5 km bis Ortsmitte Erlau, biegen kurz vor dem Bahnhof rechts ab, und in etwa 400 m Höhe erfolgt der Kletterstart. Nach ca. 1,5 km – rechts von unserem Fahrweg geht die Trift ab – sind wir bei 520 m. Auf den nächsten 2,5 km überqueren wir den Breitenbach und erreichen hinterm Erdeberg 600 m. Hier mündet die vom Schmiedefelder Rubelsberg kommende Lange Leite ein, ihr wollen wir folgen etwa 3 km bis zur Gabelung kurz vor der Gaststätte Stutenhaus. Es geht weiter aufwärts; der Plaudergrund links, der Stelzenwiesengrund und die Eiröder Wand rechts begleiten uns, und am Stutenhaus sind wir bei 760 m. An der Verzweigung heißt es für uns links weiter, in Richtung Parkplatz Wegscheide. Bis dahin sind es noch sehr schöne 3,5 km mit folgenden Stationen: hinter der Stutenhaus-Gabelung links der Adlersberg mit Aussichtsturm (850 m), rechts die Vesserwand. Bei Schüßlers Höhe (854 m) erreichen wir etwa 800 m; am Neuhäuser Hügel (886 m) haben wir noch ein Dutzend Meter zugelegt, am Parkplatz sind es für uns 840 m. Es ist geschafft!

Von hier schwenkt man links auf die Straße ein, passiert den Erleshügel (840 m), die Forstwiese und den Ringberg (751 m) und gelangt nach 4,3 km Fahrt an den Höhenrand von Suhl. Vom Ringberg bis hinein in die Suhler Altstadt sind es noch gute 2,5 km mit starker Abfahrt, bei ungefähr 400 m endet sie.

Suhl

Bevor wir uns in Suhl umschauen, ein Blick zurück. Unsere Abfahrt von Schmiedefeld nach Schleusingen und der Aufstieg von da zum Stutenhaus führen durch das knapp 1400 ha große Biosphärenreservat *Vessertal.* Infolge der engen Zertalung, der Expositionsunterschiede und der starken vertikalen Gliederung ist das Großklima im NSG lokal stark überprägt; Temperaturinversionen, Kaltluftflüsse, Sonn- und Schattenhänge bewirken eine einzigartige ökologische Vielfalt. Die Erhaltung der Rückzugsfunktion des Schutzgebietes und des genetischen Potentials zahlreicher Tier- und Pflanzenarten sowie die Repäsentation des gesamten Standortmosaiks mit seinen für die mitteleuropäischen Gebirge typischen Artenkombinationen sind eingeordnet in die Zielstellungen des internationalen Netzes der Biosphärenreservate.

Auf der Grundlage des Eisenerzbergbaues in der Umgebung – so am Döll- und am Domberg – entwickelte sich Suhl bis zum 16. Jh. zur Stadt. Mit Stab- und Blecheisen wurde gehandelt; 1535 brachten Augsburger und Nürnberger Büchsenschmiede ihr know-how nach Suhl, 1568 wurde die Zunft der Büchsen-

Rathauseingang Schleusingen

Marktplatz Schleusingen

macher anerkannt. Niederlassungen in Zella-Mehlis und Schmalkalden entstanden, Suhl wurde zur „Waffenschmiede Europas". Im Dreißigjährigen Krieg lieferten die Manufakturen der Stadt an alle kriegführenden Parteien. Suhl war hennebergisch, wettinisch, kursächsisch – 1815 kam es an Preußen. Die späteren großen Werke Haenel, Sauer und Simson versorgten das Heer mit kleinkalibrigen Waffen; durch die Aufträge des Staates waren sie vom Markt relativ unabhängig.

Nach 1945 entwickelte sich Suhl zu einem Zentrum der Fabrikation von Jagd- und Sportwaffen, motorisierten Kleinfahrzeugen, von Elektrogeräten und Feinmeßwerkzeugen. Das Gesicht der ehemaligen Bezirksstadt wurde durch ausgedehnte Neubauviertel, ein neues Stadtzentrum und durch das ansehnliche Hotel Thüringen-Tourist völlig verändert.

Das eigentliche Zentrum Suhls ist der *Steinweg*, ein Boulevard mit einigen schönen Bürgerhäusern des 18./19. Jahrhunderts. Früher Haupt- und Geschäftsstraße, ist er heute frei von motorisiertem Verkehr. Nr. 33, der Kaufmannshof, stammt aus dem Jahre 1721; das Rokokohaus Nr. 26 ist die ehemalige Postausspanne.

Die *Hauptkirche St. Marien*, ein im Kern noch spätgotischer Bau aus den letzten Jahren des 15. Jh., brannte zweimal ab und wurde jedesmal wiedererrichtet, zuletzt 1753–1769. Ihr reicher Rokoko-Kanzelaltar und der Orgelprospekt sind Arbeiten des Hildburghausener Bildhauers und Stukkateurs Kaspar Klemm. – Der Steinweg mündet auf den unter Denkmalschutz stehenden Platz mit Suhls Wahrzeichen, dem Waffenschmied-Denkmal von Ringer (1903). Im Wappen über der Rathaustür erkennt man Türme und Stadtmauer, Erzmulde und Pickel als die Symbolde für Stadt-, Zoll- und Bergrecht. Die Henne auf erhöhter Position erinnert an den Namen der einstigen Grafschaft Henneberg.

Nicht weit entfernt und im Ensemble von Stadthalle und Herrenteich nicht zu verfehlen ist der Fachwerkbau des *Waffenmuseums.* Das ehemalige Malzhaus wurde 1663 unter Benutzung älterer Teile eines Vorgängerbaues errichtet. Heute gilt es als Spezialmuseum für die Geschichte der Handfeuerwaffen. Die Schau beginnt mit dem Ausgangspunkt der Suhler Waffenproduktion, der Fertigung von Panzern, Harnischen und Hieb- und Stichwaffen. Zu den ältesten Stücken der Exposition zählt eine Handbüchse von 1399; die Handfeuerwaffen des 16./17. Jh. bestechen durch ihre kunstvolle Verzierung. Selbstverständlich findet man auch die Maschinengewehre der Reichswehr und die Erzeugnisse der Gustloff-Werke und des Haenelkonzerns aus der Zeit des 2. Weltkrieges. Jüngste Modelle von Jagd- und Sportwaffen beschließen die vielbesuchte Ausstellung.

Von der Stadthalle kommt man über die Meininger Straße in den ca. 3 km entfernten Ortsteil Suhl-Heinrichs. Man sollte vorbeifahren, des Marktplatzes und des Rathauses wegen, die beide unter Denkmalschutz stehen. Das steinerne Erdgeschoß des stolzen Rathauses stammt von 1551, die Fachwerkaufbauten sind rund hundert Jahre jünger. Die Fachwerkhäuser in der Meininger Straße Nr. 93, 97 und 142 waren ursprünglich im Besitze von Fuhrleuten und Weinhändlern, sie sind teilweise aus der Mitte des 16. Jh. Die Dorfkirche St. Ullrich ist ein spätgotischer Bau aus der zweiten Hälfte des 15. Jh. Aus gleicher Zeit sind der Freskenzyklus im Chor und die Kreuzigungsgruppe an der östlichen Turmaußenwand. Nach wie vor ungewiß sind Herkunft und Rang der vertrockneten Frauenhand im höchst bemerkenswerten Sakramentshäuschen von 1521. Wem es gelingt, sich nach Einbruch der Dunkelheit in der Nähe des Häuschens aufzuhalten, der soll – im Falle der Eignung – das Heinrichser Gruseln erleben. Bürgen kann man dafür nicht.

Schloß in Schleusingen

Zu den beliebtesten Suhler Ausflugszielen gehört ohne Zweifel der *Domberg* (676 m). Gut 400 m hinter der Stadthalle beginnt an der Eisenbahnunterführung der Dombergweg. Man kommt am Ottilienfelsen mit der im Ursprung mittelalterlichen Bergmannskapelle vorbei, die als Wahrzeichen des ezrträchtigen Domberges gilt. Der markierte Weg führt im Bogen aufwärts; in der Gaststätte Krinitzenstube kann man verschnaufen. Auf dem Gipfel findet man einen Aussichtsturm, gute Restauration, interessante heimatkundliche Tafeln, einen Trimm-dich-Pfad, schönen Wald und lohnende Aussicht. Krinitze bedeutet Kreuzschnabel; mit etwas

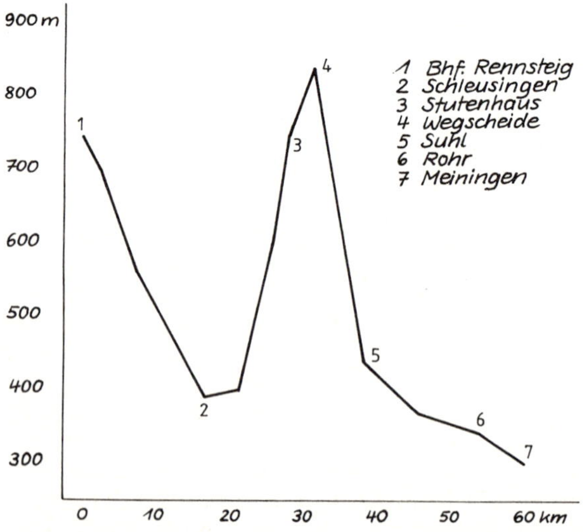

Durchs Vessertal nach Suhl und weiter zur Werra

Glück sieht man vielleicht einen herumstreifenden Schwarm. Letztmalig im Mai 1985 legte der Autor dieser Zeilen den Aufstieg mit dem Rad zurück, eingestandene 200 m Schieben inclusive. Er schwor, es nie wieder zu tun. Mountain-Biker von heute werden darüber höchstens lächeln.

Suhl zu verlassen, ohne den *Friedberg* zu erwähnen, wäre unfair. Hier fanden 1971 und 1978 Europa-, 1986 Weltmeisterschaften im Sportschießen statt. Die Fans von Trap, Skeet und laufendem Keiler werden sich die Anlagen anschauen; Bier und Wurst in der Schützenklause darf man getrost empfehlen. Am einfachsten kommt man auf den Friedberg hinauf, wenn man vom Parkplatz am Herrenteich der Straße in Richtung Schleusingen folgt.

Suhls Stadtflüßchen ist die Lauter; ihre beiden Quellbäche, die Dürre und die Goldene Lauter, kommen vom Rennsteig, da entspringen sie südlich des Geiersberges bzw. am Jägerstein. Im Suhler Ortsteil Goldlauter vereinigen sie sich, die Lauter fließt durch Suhl nach Heinrichs und ab da oder auch ab Mäbendorf heißt sie Hasel. Erst als Hasel wird sie geographisch „aktenkundig“; dicht oberhalb Meiningen mündet sie in die Werra. Da befinden sich auch unsere nächsten Ziele.

Wir verlassen Suhl auf der Meininger Straße über Heinrichs (nicht auf der Straße Nr. 280), benötigen vom Zentrum bis Dietzhausen 7,5 km, von da bis Rohr noch 8 km.

Rohr

Rohr – ein Name, den man noch nie gehört hat. Ein Dorf 7 km östlich von Meiningen, nicht weit entfernt von der Mündung der Schwarza in die Hasel. Ein Ort der Idylle; von Bergen umgeben, aber nicht bedrängt – da will kein Gedanke an Geschichte entstehen, eher die Vorstellung, als sei der Frieden hier seit je zu Hause gewesen. Ein Irrtum, denn man bewegt sich auf einem Boden, der seit beinahe 1200 Jahren besiedelt ist! Schon 815 zahlten die „Knechte zu Rohr“ der Kirche Steuern, 824 entstand hier ein Kloster der Benediktiner, im 10. Jh. eine kaiserliche Pfalz, in der 984 ein bedeutsamer Reichstag abgehalten wurde: Heinrich der Zänker (951–995) wurde gezwungen, den von ihm entführten, noch unmündigen Kaiser Otto III. (980–1002) seiner Mutter Theophanu (um 955–991) zurückzugeben. Die frühe Zeit hinterließ Spuren, unter dem Chor der Dorfkirche befindet sich eine dreischiffige Krypta, frühromanisch, mit ungefügen Pfeilern und Gewölben.

Das erstaunlichste Bauwerk in Rohr ist jedoch die in späterer Zeit um den Kirchhof gezogene Wehrmauer. Sie ist 4–6 m hoch, einst trug sie einen mit Schießscharten bestückten Wehrgang; über dem Tor erhebt sich ein mächtiger Torturm. Vor dem Tor sind heute noch die Reste eines halbkreisförmigen Bollwerks erkennbar. Wer sich dieser Kirchenburg in feindlicher Absicht näherte, tat gut daran, vorher seine Angelegenheiten zu regeln.

In Friedenszeiten stand die Kirchenburg leer, ihre Stärke zeigte sie erst, wenn die Raublust des Adels wieder eine Fehde vom Zaune gebrochen hatte. Dann schreckte die Alarmglocke das Dorf auf, Weib und Kind, das Vieh und die bewegliche Habe wurden auf den Kirchhof gebracht und die Männer nahmen ihren Platz auf der Mauer ein. Im Bereich des Werratals herrschte selten Ruhe. Der Bischof von Würzburg befehdete die Grafen von

Henneberg, im Norden lagen Gebiete, die der Abtei Fulda gehörten, der hessische Landgraf strebte ebenfalls nach Erweiterung seines Besitzes. Im Machtkampf der ständig wechselnden adligen Obrigkeiten hatten es die Bauern des Werratales bald gelernt, sich um ihren Schutz selbst zu kümmern.

Bevor man Rohr verläßt, sollte Zeit sein wenigstens noch für einen Blick auf die zahlreichen Beispiele bäuerlicher Fachwerkbaukunst. 1678 entstand das Haus Unterdorf 1, die Alte Baderei. Im Giebel des Obergeschosses, unmittelbar über dem Rahmholz, erscheint die Balkenfigur des Wilden Mannes – Pfosten und Streben sind zu einer Form verbunden, die an ein Strichmännchen erinnert. Im Haus Unterdorf 8, erbaut im Jahre 1726, sind die Brüstungsfelder mit rautenförmigen Ornamenten ausgefüllt, in die Herzen eingelegt sind.

Zwei Straßen führen von Rohr nach Meiningen; die eine verläßt den Ort in südwestlicher Richtung, verläuft im Tal der Hasel südlich um die Hohe Maas (498 m) herum. Wir folgen der anderen Straße, die von Rohr aus genau nach Westen führt und nördlich der Hohen Maas verläuft. Auf dieser sind es 6,5 km bis Meiningen. Sanft und lieblich ist der Charakter der Landschaft, die Straße windet sich zwischen grünen, bewaldeten Höhen, insgesamt mit Gefälle bis hinunter nach Meiningen.

Meiningen

Die Stadt zwischen Rhön und Thüringer Wald in dem von Muschelkalkhöhen umrahmten Wiesental der Werra weist noch gute 300 m Höhe auf. Drachenberg und Donopskuppe östlich der Werra, der Herrenberg westlich von ihr markieren das engere Panorama. In der einstigen Residenz der Herzöge von Sachsen-Meinigen bummelt man, dies empfiehlt sich einfach, denn das Ambiente ist danach. Viel Park, viel Grün, Denkmäler in Fülle, barocke Fassaden, ein prächtiges Schloß und Museen natürlich und Cafés und ... bummeln Sie.

Kunstsinn gehört zur Atmosphäre dieser Stadt, was einen nicht wundert, wenn man an ihre Traditionen denkt, an den Glanz des Meininger Theaters und die einst gefeierte Hofkapelle. Womit man schon zur Geschichte dieser angenehmen Stadt kommt und selbst die stellt sich in erfreulichem Maße schnörkellos und übersichtlich dar und ist darum auch schnell mitgeteilt.

Meinigen wird zum ersten Mal 982 genannt; Kaiser Heinrich II. schenkte es 1008 dem Bischof von Würzburg. 1344 erhielt der Ort die Rechte der Stadt Schweinfurt und kam 1542 an die Grafen von Henneberg, 1583 an die Ernestiner. Bernhard, dritter Sohn Ernst des Frommen von Gotha, erhob Meiningen zu seiner Residenz und erbaute das Schloß Elisabethenburg. Europaweite Aufmerksamkeit erlangte die Stadt gegen Ende des 19. Jh. durch die „Meininger“, die durch ihre Gastspielreisen im In- und Ausland berühmt gewordene Gesellschaft des Meininger Hoftheaters. Herzog Georg II., der selbst Szenen- und Kostümentwürfe schuf, leitete sie. Seine Gattin, Freifrau von Heldburg, der Regisseur Chronegk und der Dramaturg Carl Werder waren seine Helfer. 1874 bis 1890 gaben die Meininger mehr als 2500 Gastspiele an vielen Theatern Europas. Die Aufführung überwiegend klassischer Werke zeichnete sich durch vollendetes Zusammenspiel und stilvolle Dekorationen aus. Im Sinne einer Pflege des Gesamtkunstwerks wirkten die Meininger stilbildend.

Schloß Elisabethenburg in Meiningen

Wer seinen Bummel im schönen, zentral gelegenen *Goethe-Park,* der früher Englischer Garten hieß, beginnt, läßt sich einstimmen von den Denkmälern Max Regers, Johannes Brahms und Jean Pauls und vom Ludwig-Bechstein-Brunnen. Vom Brunnen kommt man über Puschkinstraße und Klostergasse zum Schloßplatz. *Schloß Elisabethenburg* ist eine dreigeschossige Dreiflügelanlage, die 1682 – 1692 über E-förmigen Grundriß mit Benutzung von Teilen einer 1511 erbauten spätgotischen Burg errichtet wurde. Erstes Bauwerk an dieser Stelle überhaupt war eine Wasserburg der Würzburger Bischöfe. Heute beherbergt das Schloß die Schätze der Museen Meiningens.
Im Bereich „Musikgeschichte" kann das Arbeitszimmer Max Regers, der von 1911 bis 1914 die Meininger Hofkapelle leitete, besichtigt werden. Die Geschichte der glanzvollen Jahre der Hofkapelle wird nicht zuletzt mit Briefen von Hans von Bülow, von Johannes Brahms und Richard Wagner belegt.

Vom Schloß sind es nur wenige Schritte hinüber in die Burggasse, da steht das *Baumbachhaus*, so genannt nach dem zu seiner Zeit viel gelesenen Schriftsteller und Dichter Rudolf Baumbach, der hier von 1885 bis zu seinem Tod 1905 gelebt hat. Seine Texte dienten als Vorlage für mehr als 500 Vertonungen, am bekanntesten wurde wohl »Hoch auf dem gelben Wagen«.

Wem das Museale genügt, der geht im Schloßpark spazieren, er kann auch die Werra überqueren – die Brücke befindet sich gleich hinter dem Schloß – und auf den Herrenberg hinaufsteigen. Da allerdings empfängt ihn der Dichter Otto Ludwig – nicht in persona, doch immerhin als Denkmal von Hildebrand aus dem Jahre 1894.

Zwischen Herpf und Hildburghausen

Meiningen ohne Abstecher zu verlassen fällt schwer, der von uns ausgewählte führt in ein Gebiet der Werratallandschaft, das nicht nur still und verschwiegen, sondern auch so gut wie völlig unbekannt ist.

Auf der Straße Nr. 19 erreicht man nach 4 km in nördlicher Richtung Walldorf, von hier aus sind es nach Südwest genau 6 km bis Herpf. Beide Orte liegen im Tal der Herpf, da führt auch die Landstraße entlang durch ein freundliches Hügelland.

In *Walldorf* und *Herpf* stehen die beiden stärksten Bauernfestungen des Werratales. Herpf gehörte einst den Grafen von Henneberg, Walldorf den Bischöfen von Würzburg. Die Walldorfer Kirchenburg liegt auf einem ca. 15 m hohen, schmalen Bergrücken. Wer sein Rad durch das Tor schiebt, mag leicht glauben, von einem Flecken unberührten Mittelalters des 15. Jh. aufgenommen zu werden. Sehenswert in Walldorf sind auch zwei Herrenhäuser, das Rote Haus und das Gasthaus „Zum Freien Ritter“, beides Fachwerkbauten von 1600 bzw. 1697.

In Herpf findet man eine umwehrte Dorfanlage mit doppelter Befestigung des Burgbezirks vor. Die innere, nahezu dreieckige Befestigung ist als Doppelmauer mit Rundtürmen und Gaden ausgeführt. Der Kirchturm ist der ehemalige Bergfried aus dem 13. Jh. 3 km nordwestlich von Herpf liegt *Stepfershausen*, ebenfalls ehemals Hennebergisches Gebiet. Hier beeindruckt besonders die Mächtigkeit des Torturms, dessen oberes Geschoß nebst Aufsatz allerdings aus dem 18. Jh. stammt.

Von Stepfershausen fährt man über Herpf und Dreißigacker zurück nach Meiningen, das sind gute 9 km.

Auch das Gebiet südöstlich von Meiningen war im Mittelalter eine berüchtigte Wetterküche, die besonders unübersichtlichen Besitzverhältnisse beschworen ständig neue Fehden herauf. Leutersdorf gehörte im 14. Jh. dem Kloster Veßra, Vachdorf dem Bischof von Würzburg, Belrieth dem Grafen von Henneberg. In keinem anderen Abschnitt des Werratales liegen die Kirchenburgen so dicht beieinander wie auf der a. 9,5 km langen Strecke zwischen Obermaßfeld und Leutersdorf.

In Meiningen

Von Meiningen fährt man auf der Straße Nr. 89 nach Südost in Richtung Hildburghausen im Werratal 4,5 km bis Untermaßfeld, von da auf der Landstraße noch 2 km bis Obermaßfeld.

Die erhaltenen Reste des befestigten Kirchhofes lassen erkennen, daß er einst einen Zwinger mit vorgelagerter Zwingermauer besaß. *Auf einem Wiesenpfad sind es nur 2 km bis Einhausen.*

An der Kapelle – Meiningen

Von der Kampfplattform des mächtigen Einhausener Turmes konnte das gesamte Vorgelände beschossen werden, Teile der ca. 1,5 m starken Ringmauer sind mit Gaden aus Fachwerk versehen.

Von Einhausen sind es 6 km bis Vachdorf, man legt sie entweder auf der Straße, oder, wenn das Wetter mitspielt, entlang des Werraufers zurück. Die Vachdorfer Bauernfestung war durch Wassergraben, Zwinger und Hauptmauer mit starker Eckbastion gesichert – dann kam erst der Burghof mit bergfriedartig ausgebautem Kirchturm. Die auf einer Anhöhe gelegene Kirchburg von *Leutersdorf* stellte den östlichen Eckpfeiler der Werralinie dar, sie blickt auf eine interessante Geschichte zurück. Im 12. Jh. stand hier eine Kirche des Templeordens, der 1312 durch einen Machtspruch des Papstes aufgelöst wurde. Beachtenswert an der 3 m hohen und 1,5 m starken Mauer des Kirchhofes der sog. Kornährenverband der Steine an der Nordseite. Vermutlich stammt er noch aus der Templerzeit, Reste der Templerkirche wurden in den Befestigungsring einbezogen.

Von Leutersdorf fährt man ca. 3 km auf der Straße Nr. 89 zurück, biegt links ab und erreicht nach 6 km Jüchsen (339 m). Von hier aus sind es über Queienfeld und Rentwertshausen bei fühlbarem Anstieg 7 km bis Bibra. Die Landschaft heißt Grabfeld und wartet geradezu darauf, von Wanderlustigen entdeckt zu werden! Wer Freude daran hat, dem Außergewöhnlichem zu begegnen – hier stößt er darauf. Von der alten *Feudalburg* in Bibra steht noch die Ruine, mit acht (!) Türmen ist die Wehrmauer bestückt. Die Inschrift am gegenüberliegenden Gebäude verrät: »Anno domini 1525 ist das Schlos Bibra mit allen Gebeuen durch die beurische aufrur gar ausgebrant.«

Auf unerwartete Kostbarkeiten stößt man in der einschiffigen spätgotischen *Dorfkirche,* deren Bau 1492 begonnen wurde. Die zehn Halbfiguren an den Gewölbeansätzen des Chores, der Kirchenväteraltar, zwei Seitenaltäre – Südseite: Verkündigung; Nordseite: Apostel – der Grabstein des Hans von Bibra und die Figur des heiligen Kilian stammen sämtlich aus der Werkstatt des Würzburgers Tilman Riemenschneider (um 1460 bis 1531).

Von Bibra aus fährt man nach Süden zurück über Rentwertshausen bis Queienfeld, von da weiter in Südost über Westenfeld nach Haina, die gesamte Strecke kommt auf 12 km. In östlicher Richtung nur noch 3 bis 4 km entfernt, beginnt das Naturschutzgebiet der Gleichberge. Basaltgesteine herrschen vor, wir begegnen weiten, mit Felsbrocken übersäten Flächen – den Blockmeeren. Auf der kurzen Distanz von Haina aus wird der Anstieg recht

Rathaus in Hildburghausen

Schöne alte Tür, Hildburghausen

spürbar; der Große Gleichberg bringt es auf 679 m. Der Kleine Gleichberg gute 3 km nördlich von ihm kommt auf 642 m. Auf seiner Höhe befand sich einst die Steinburg, eine bereits in der Hallstatt-Zeit entstandene Befestigungsanlage, die im 6. Jh. v. Chr. von den Kelten erobert und im Verlaufe des 2. Jh. v. Chr. zu einer bedeutenden Bergsiedlung ausgebaut wurde. Später drangen von Norden her die Germanen ein; sie errichteten ein Wodan-Heiligtum auf dem Berg. Im Mittelalter stand auf dem Gipfel eine Wallfahrtskapelle, ihre Grundmauern sind noch erkennbar. Im Steinburgsmuseum am Fuße des Kleinen Gleichberges kann man besichtigen, was die Spaten der Archäologen ans Licht brachten.

Von den Gleichbergen sind es nach Osten nur noch 9 – 10 km bis Hildburghausen; über Zeilfeld und Leimrieth geht es auf guter Straße mit Gefälle wieder zurück ins Werratal. Wer den Umweg über Dingsleben nicht scheut, wird sich an einem nahezu unversehrt erhalten gebliebenen Ortsbild erfreuen, gebildet von fränkischen Fachwerkgehöften aus dem 17. und 18. Jh. Das Dorf erweckt den Eindruck, als stamme es aus einer Spielzeugschachtel; Kenner behaupten, es gehöre zu den schönsten dörflichen Siedlungen auf dem Territorium der ehemaligen DDR.

Die als Abstecher angekündigte Tour hat sich unversehens doch zu einer, wenn auch bescheidenen Rundfahrt gemausert – bereuen wird man es jedenfalls nicht, nach *Hildburghausen* gekommen zu sein. Das Städtchen ging aus einer Marktsiedlung des 13. Jh. hervor, erhielt im Jahre 1324 Stadtrecht. Um seinen langgestreckten, rechteckigen Marktplatz gruppieren sich schöne Häuser überwiegend des 16. bis 19. Jh. Das attraktive Ortsbild wird jedoch vom prächtigen *Rathaus* dominiert, einem dreigeschossigen, im Kern spätgotischen Bau. Entstanden ist es als Wasserburg der Grafen von Henneberg;

Haustür in Hildburghausen

Schloß Großkochberg

chwerkbauernhaus bei Kloster Veßra

Gästehaus in Mellenbach

Ernte...

Cursdorf

Frühmorgens im Rennsteiggarten

Thüringer Wald: bei Spechtsbrunn

In der Altstadt Schmalkalden

Glasbläserstädtchen Lauscha

Herpf: Zur Erinnerung an die Opfer

Kloster Veßra

1395 wurde es zum ersten Mal umgebaut, 1572 in Renaissanceformen erneuert. Die *Stadtkirche* ist ein Barockbau, entstanden 1781 bis 1785 in Gestalt einer interessanten Kombination von Zentral- und Langbau: der Gemeinderaum erhebt sich über achteckigem Grundriß mit doppelten Emporen und hölzerner Kuppel.

Von 1828 bis 1874 war Hildburghausen Sitz des weltbekannten, von Joseph H. Meyer 1826 in Gotha gegründeten bibliographischen Institutes. Eine Sammlung der in dieser Zeit herausgegebenen Werke kann man sich im Heimatmuseum – es befindet sich im Rathaus – anschauen, man wird viele wohlbekannte Editionen vorfinden.

Die Rückfahrt nach Meiningen sollte auf der Straße Nr. 89 erfolgen, die Strecke beläuft sich auf 33 km. Der mäßige, zeitweilig auch starke Kraftverkehr ist zweifellos ein Ärgernis, entschädigt wird man durch das beschaulich-idyllische Panorama des Werratales. Nach 12 km erreicht man Kloster Veßra, romantisch gelegen an der Mündung der von rechts zufließenden Schleuse in die Werra. Was noch steht, ist die Ruine der Kirche des 1131 gegründeten Prämonstratenserklosters.

Möglichkeiten für einen Stop sollte man sich auch in *Themar* und in *Henfstädt* offenlassen. In Themar schaut man sich die spätgotische *Stadtkirche St. Bartholomäus* an und vor allem das Amtshaus, einen reichen Fachwerkbau von 1665. Wer sich für ein wenig länger die Füße vertreten möchte, blickt ins Heimatmuseum oder nach den Fachwerkhäusern in der Hinteren Stadt und in der Römhilder Straße.

In Henfstädt steigt man zur Ruine der *Osterburg* hinauf; die Reste der Wehrmauern sind bedeutend, der Bergfried stammt aus dem 13. Jh. Auch die Dorfkirche und die Renaissancebauten des Vorderen und Hinteren Schlosses lohnen einen Blick.

Die Gipfeltour: von Meiningen zur Oberhofer Höh' und den Rennsteig westwärts – 87 km –

Das vorletzte Teilstück unserer Tour wird wohl der Scharfrichter werden: von Meiningen soll es hinauf nach Oberhof gehen und dann die Hochstrecke des Rennsteigs entlang nach Westen bis zur Abfahrt nach Schmalkalden. Es sind „nur" 87 km, der Anstieg beträgt gute 600 m. Die Stationen sind: Meiningen, 0,0 km – Zella-Mehlis, 27,0 km – Stein 16 auf dem Rennsteig, 34,0 km – Oberhof, 37,0 km – Gehlberg, 45,5 km – Schmücke, 49,0 km – Grenzadler, 58,5 km – Neue Ausspanne, 73,0 km – Schmalkalden, 87,0 km.

Von Meiningen aus folgt man in Nordwest der Straße Nr. 280, sie führt über Kühndorf, Schwarza, Ebertshausen und Benshausen nach Zella-Mehlis, zuletzt am Paßberg (529 m) vorbei. Die Landschaft ändert ihr Gesicht, die freundlichen grünen Hügel bleiben zurück, es wird wieder bergig. Nach 27 km erreicht man den Westzipfel der Stadt, den Ortsteil Mehlis. Zweckmäßig ist es, der Straße 280 in die Stadt hinein zu folgen, am besten bis zum Rathaus, wo sich auch die Post, Gaststätten und Cafés befinden.

Zella-Mehlis

Zella-Mehlis liegt in einem Talkessel, eingerahmt vom Sternberg (840 m), dem Spitzigen Berg (881 m), Böhmer Berg (666 m), Regenberg (710 m) und Ruppberg (866 m). Die reizvolle Umgebung und das günstige Skigelände haben die Stadt im Sommer wie im Winter bei Urlaubern beliebt gemacht.

Der Ort ist alt, Mehlis wird in Grenzbeschreibungen zwischen Franken und Thüringen (Sachsen) bereits in der Regierungszeit Karls des Großen 841 urkundlich als Meles genannt. Noch um 1665 besteht dieser Name, erst zum Ende des 17. Jh. wandelt er sich in Mehlis. 1894 erhielt Mehlis Stadtrechte. Die Gründung des Oratoriums Celle Sankti Blasii ist in einer in Mehlis ausgestellten Urkunde von 1111 verzeichnet. Die Blasienzelle gehörte zum Stammkloster Reinhardsbrunn und somit zum Würzburger Bischof. 1645 wurde es zum Marktflecken erhoben und mit städtischen Privilegien bedacht. Die Einwohner lebten von der Holzverarbeitung, der Köhlerei, der Viehhaltung; später auch von der handwerklich hochstehenden Waffenherstellung.

Bedeutend waren das Fuhrmannsgewerbe und natürlich der Bergbau; bereits 1357 bestand in Mehlis ein Eisenhammer. Einige Straßen und Flurnamen – Hammerhohle, Hammerrödchen, Hammerweg – erinnern daran, daß das Erz im unmittelbaren Ortsbereich abgebaut wurde. Geschürft wurde auch nach Kupfer und Silber.

Nach dem letzten Krieg entwickelte sich Zella-Mehlis zur Industriestadt; zu den Erzeugnissen gehören elektronische Bauelemente, Wälzlager und Spannzeuge. Die Stadt liegt an den Reichsbahnhauptstrecken Erfurt-Meiningen und Zella-Mehlis-Schmalkalden; die wichtigste Fernverkehrsstraße führt nordwärts zum Rennsteig und über Oberhof weiter nach Gotha.

Was schaut man sich in der Stadt an? Freunden sakraler Architektur sei ein Besuch der Pfarrkirchen in beiden Ortsteilen empfohlen. *St. Magdalenen* im Mehliser Gassenwinkel – neben dem

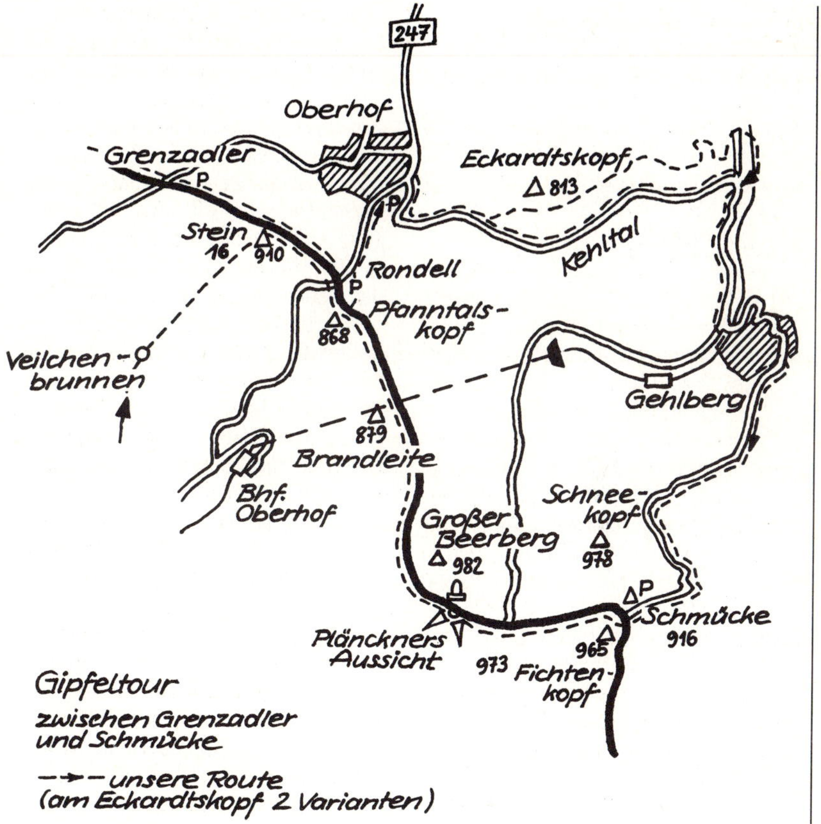

Hotel Stadt Wien – ist ein einschiffiger Barockbau, errichtet 1731 bis 1741. Er besitzt ein hölzernes Tonnengewölbe und doppelte Emporen. Der Kern des im Westen über Eck gestellten Turmes stammt aus dem 13. Jh. In seinem Erdgeschoß befindet sich ein Chorraum mit Kreuzrippengewölben und Renaissancefresken.

St. Blasii in Zella ist eine barocke Saalkirche, erbaut 1768 bis 1773 mit Benutzung von Turm und Chor einer Vorgängerin aus dem 13. Jh. über querovalem Grundriß. Der Westturm hat Haube und Laternen, die Kuppel ist aus Holz. Beide Kirchen stehen unter Denkmalschutz. Ein Besuch im Heimatmuseum neben der Magdalenenkirche lohnt sich für jene, die an Thüringer Landschafts- und Volksgeschichte Interesse haben. Vorgestellt werden das Hirtenwesen, der Bergbau, die Kleineisenindustrie und die Schußwaffenherstellung. Trachten, typisches Glas aus den Thüringer Hütten, eine Schusterwerkstatt, Bauernmöbel, Fallen und Pflüge und auf dem Freigelände eine große Scheune sind zu sehen.

Die Weiterfahrt beginnt auf der Zellaer Seite am Rathaus; man folgt der Ernst-Haeckel-Straße in nördlicher Richtung, überquert die Rodebachstraße und fährt bis zum Sportplatz an der Alten Straße – hier beginnt der Aufstieg.

Er folgt zunächst der Alten Straße nach Norden, läßt den gleichnamigen Berg – 677 m – rechts liegen und führt über die Dammwiese zum Veilchenbrunnen. Von da aus geht es über die Zellaer Leube in Nordost zum Rennsteig. Die Stationen – mit Angabe der jeweiligen Höhenlage – im einzelnen sind: Ende der Lindenwiese – ca. 600 m; Alte Straße vor Dammwiese – ca. 640 m; Hohlweg mit einiger Geröllschüttung bis Dammwiese Mitte – ca. 680 m; danach einigermaßen ausgeglichene Steilheit bis hinauf zum Veilchenbrunnen – ca. 800 m.

Die steingefaßte Quelle trägt den Namen nach einer Flechte, die den Fels überzieht und die nach Veilchen riecht. Vorgänger der in den achtziger Jahren erbauten Bergbaude war eine kleine Waldschenke; das frühere große und bekannte Berggasthaus war 1945 von amerikanischen Soldaten zerstört worden.

Vom Veilchenbrunnen sind es entlang der Zellaer Leube noch gute 2 km bis zum Rennsteig; auf halbem Wege wird auf der linken Seite das Schützenberghochmoor passiert.

Was man sich am Veilchenbrunnen gönnen sollte, ist die Rückschau – den Anstieg wird man so bald nicht vergessen, auch wenn dessen Gesamtlänge vom Sportplatz bis zum Rennsteig nicht viel mehr als 7 km beträgt. Die Gipfel gehören rechts zum Gebrannten Stein (897 m) und links zum Sternberg (840 m).

Der auf der Leube stehende Stein 16 heißt auch Hessenstein und ist einer der Dreiherrensteine. 1734 markierte er die Grenze zwischen Hessen, Sachsen-Meiningen und Sachsen-Gotha. Sein Vorgänger war ein Sühnestein; 1498 wurde an dieser Stelle der berüchtigte Straßenräuber Dietzel von Geba hingerichtet. Gute 900 m beträgt die Höhe des Rennsteigs an dieser Stelle.

Ihm folgen wir nun einen reichlichen Kilometer in östlicher Richtung und kommen zum bekannten Rondell.

Der hohe steinerne Obelisk auf dem Pfanntalsrasen im Bereich der Kreuzung der Straße Nr. 247 mit dem Rennsteig wurde zum Gedenken an den Bau der ersten Kunststraße über den Thüringer Wald errichtet. Von Erfurt kommend führte sie über Gotha nach Suhl, von da ins Werratal und weiter ins Fränkische.

Vom Rondell aus, wo man die Räder sicher auf dem Parkplatz anschließen kann, braucht man zu Fuß fünf Minuten bis zum *Oberhofer Rennsteiggarten*.

Der Besuch lohnt unbedingt, geöffnet ist der Garten halbjährlich vom 1. Mai bis zum 31. Oktober.

Alle Pflanzen sind nach geographischen und ökologischen Gesichtspunkten geordnet. Zwei Höhepunkte der Blütenentfaltung sind besonders beachtenswert – Mitte Juni und dann noch einmal während des kurzen Gebirgshochsommers. Der Garten wird von der Friedrich-Schiller-Universität Jena wissenschaftlich betreut.

Wir kehren zurück zum Rondell, von da bis nach Oberhof hinein sind es noch 2 km. Man fährt zunächst auf der Straße Nr. 247, verläßt sie aber vor dem großen Parkplatz am Großvaterstuhl nach links und biegt in die Zellaer Straße ein. Über die Jägerstraße und an der Post vorbei gelangt man bequem ins Zentrum des vermutlich bekanntesten Kur- und Erholungsortes der ehemaligen DDR.

Hier befinden sich das Rathaus, die Vertretungen der Reisebüros und der gewerkschaftlichen Feriendienste sowie die großen Hotels, Gaststätten und Cafés.

Im Rennsteiggarten

Oberhof

Wo sich heute der Ort ausbreitet, stand im 15. Jh. nur ein einsames Rasthaus: der als Hospiz zur Johanniterkomturei Weißensee gehörende „Obere Hof". Er wurde angelegt, um den Fuhrleuten, die beim Überqueren des Gebirges auf der Höhe angekommen waren, die verdiente Rast zu gewähren. 1259 wird die Paßstraße erstmals urkundlich erwähnt. Da sie durch Höhlen, Schluchten und Engstellen mit oft nur einem Meter Spurweite führt, durften sich die Geschirre nicht begegnen. Der Verkehr war so organisiert, daß vormittags der Aufstieg, nachmittags der Abstieg stattfand. Lange suchte man nach dem „Unteren Hof", bis schließlich eine alte Urkunde Aufschluß gab: die Weißenseer Johanniter unterhielten an beiden Enden der Crawinkler Straße einen Hof, der Crawinkler Hof war größer, er war der gesuchte „Untere Hof" und verwaltete den „Oberen Hof" mit.

Die ersten Kurgäste finden sich 1861 ein; in einer Akte der „Fürstlich Thurn und Taxischen Postverwaltung Regensburg" wird überliefert, daß 1869 trotz ungünstiger Witterung etwa 50 Personen aus verschiedenen deutschen Landen, besonders aus dem flachen Norden, aus Gesundheitsgründen zu einem längeren Aufenthalt in Oberhof weilten.

Boden und Wald allein konnten die Menschen nicht ernähren, der Femdenverkehr wurde zum entscheidenden Erwerbszweig. Der Durchbruch erfolgte nach dem Bau des Brandleitetunnels und dem Anschluß Oberhofs an das thüringische Eisenbahnnetz im Jahre 1884. Im Dezember 1904 stellten sich die ersten Wintergäste ein, Oberhof begann Winterkurort zu werden. Die Ära des Schloß- und des Golfhotels begann.

Nach 1945 entwickelte sich Oberhof zu einem Zentrum des Feriendienstes der ehemaligen DDR-Einheitsgewerkschaft FDGB, zahlreiche große und

Wanderweg in Oberhof

sehr große Ferienheime entstanden, so 1969 das Hotel »Panorama« mit gut 600 Betten und 6 hauseigenen Spezialitätenrestaurants, die auch heute nicht nur den Hausgästen zur Verfügung stehen. Holzbauten, die noch bis in die sechziger Jahre das Bild der Stadt bestimmt hatten, mußten weichen, sie machten nüchternen Betongehäusen Platz. Im Sinne des Ausgleichs dachten sich Ästheten aus der Führungsspitze der SED die Losung aus, die Silhouette des Panorama-Hotels stehe, aus geeigneter Entfernung betrachtet, durchaus als Sinnbild einer unverfälschten thüringischen Riesenfichte.

Oberhof hat heute an die 3000 Einwohner; die seit 1977 gebauten Wohnungen besitzen immerhin Elektroheizungen. Dieser späte Versuch, zur Reduzierung der waldtilgenden Emissionen beizutragen, erscheint im rechten Lichte, wenn man sich erst einmal ein Bild von den Autokarawanen gemacht hat, die zu manchen Zeiten die Gegend „bereichern". Die Stadt ist auch Etappenziel der Rennsteigwanderer, zwei Wanderhütten stehen in der Nähe des Rennsteiggartens. Der sog. Internationale Bergwanderweg der Freundschaft Eisenach-Budapest führt nahe an Oberhof vorbei; in der Schanzenbaude und am Eingang zum Rennsteiggarten befinden sich Kontrollpunkte. Oberhof war Wintersportzentrum der DDR, internationale Bedeutung erlangte die Austragung von Wettkämpfen in den Nordischen Disziplinen, im Biathlon sowie im Bob- und Rennschlittensport.

Beinahe zahllos sind die sich von Oberhof aus erschließenden Möglichkeiten für Fuß- und Radwanderungen; sie hier im einzelnen anzuführen ist völlig unmöglich. Der Ort selbst liegt auf einer sattelförmigen Hochfläche 810 bis 835 m ü. NN. Die beiden höchsten Gipfel des Thüringer Waldes, der Große Beerberg (982 m) und der Schneekopf (978 m), sind nur wenige

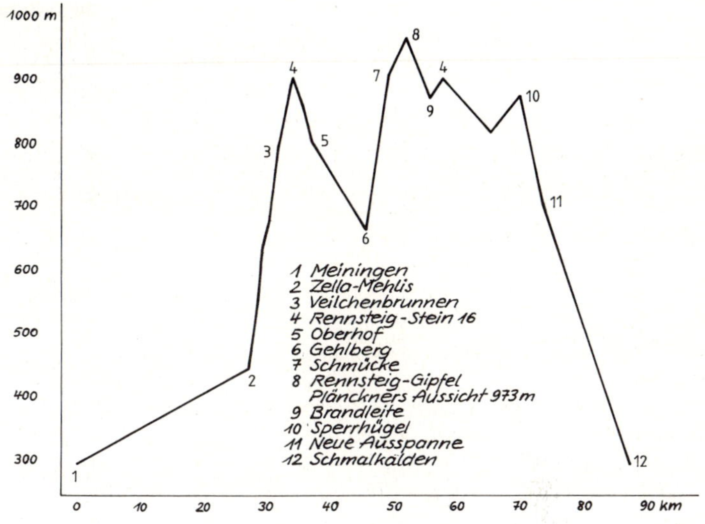

Der „Scharfrichter" und die Gipfelflur

Kilometer entfernt. Fichtenhochwald reicht an drei Seiten bis an den Stadtrand; die Hochlage und der ständige Wind, der nur in ausgesprochen unbeständigen Wetterlagen heftig weht, machen auch die Hitze der Hochsommertage erträglich. Dennoch, die höchsten Niederschlagsmengen fallen im Sommer und im Winter, schnell kommt es zu Schlechtwettereinbrüchen oder zu Nebelbildung. Der Nachwinter währt um Oberhof herum recht lange, in ungünstigen Lagen liegt weit bis in den Mai hinein noch Schnee. Der Herbst wird wegen seiner Ausgeglichenheit und relativen Wärme sehr gelobt; noch in der letzten Oktoberwoche kann man in der Stadt bis zum Abend in der Sonne sitzen, während die Täler mit kalter, diesiger Luft vollsacken. Die Rennsteigfreunde schwärmen von sich in jedem Herbst wiederholenden eindrucksvollen Bildern:
sonnenübergossen ragen der Spitze Berg, der Pfanntalskopf, der Sternberg und der Ruppberg aus dem Nebelmeer heraus. Angemerkt werden soll anschließend, daß für Infarktgefährdete und Menschen, die unter Bronchialasthma leiden, der Aufenthalt im Reizklima der Wetterscheide nicht empfohlen wird.

Im näheren Bereich Oberhofs – zwischen der Schmücke (916 m) im Südosten und dem Sperrhügel (881 m) im Nordosten – nimmt der Rennsteig seinen höchsten Verlauf. In diesem Abschnitt befinden sich auch eine Vielzahl der bekanntesten und in historischer Sicht interessantesten Punkte. Die hier vorgeschlagene Routenführung versucht, darauf Rücksicht zu nehmen.

Zunächst soll die Fahrt über den beliebten Ferienort Gehlberg zur Schmücke gehen.

Wir verlassen Oberhof in östlicher Richtung auf der Gräfenrodaer Straße, fahren bis zum Parkplatz Großvaterstuhl und dann ins Kehltal hinein. Nach etwa 2 km taucht links der Eckardtskopf (813 m) auf, bald folgt die Felsnase des Hohen Steins. Durch schönen Buchenwald verläuft an seinem Fuße vorbei der Weg zum sog. Ausgebrannten Stein. Die Durchfahrt durch den Stein ist gerade mannshoch, also Vorsicht! Sie entstand im Jahre 1691, als der Gothaer Herzog einen 23 km langen künstlichen (!) Flößgraben anlegen ließ, der durchs Kehltal und um den Tragberg herum in den Lütschegrund führte. Ausgangspunkt des Grabens war der Kehlteich; das Flößen war eine derartige Schinderei, daß es schon nach 17 Jahren wieder eingestellt wurde.

Einen guten Kilometer weiter stößt das Kehltal auf den Schmücker Grund, der vom Großen Beerberg herunter kommt, Gehlberg rechts liegen läßt und bis nach Gräfenroda führt. Hier wird rechts eingebogen, es geht aufwärts im Schmücker Grund, rechts der alten Straße strudeln die Wasser der Wilden Gera talwärts. Bald taucht links der Steinige Hügel (703 m) auf, der Forstort zur Rechten heißt Franzosenschlag. Nach knapp 4 km ist Gehlberg erreicht, ein Ort mit rund tausend Einwohnern und jährlich mehr als 15 000 Feriengästen. Die Höhenlage beträgt 650–750 m, von beinahe allen Seiten reicht der Wald heran bis an den Ort. Im Südwesten erheben sich der Große Beerberg und der Schneekopf, im Südosten bietet der Gabelsbachkopf eine reizvolle Aussicht, er erreicht allerdings nur 773 m. Im Nordosten grüßt über das Jüchnitztal und den Mittelberg (736 m) hinweg die Hohe Warte (810 m) mit ihrem Aussichtsturm, auch Restaurant und Café könnten den Wanderer locken.

Von Gehlberg aus folgt man dem Wanderweg zur Schmücke; er führt nach Süden und links am Schneekopfgipfel vorbei hinauf zum Parkplatz und zur wohl bekanntesten Rennsteigbaude. Die Strecke beläuft sich auf 4 km, der Anstieg beträgt ca. 250 m.

Die ansehnliche Berggaststätte muß man aufsuchen; sie hat nicht nur Geschichte, auch zahllose Geschichten verbinden sich mit ihr, die man sich am besten unter ihrem Dach erzählen läßt.

Uns ist der Standort Schmücke Anlaß, auch etwas über die begehrten „Schneekopfkugeln" mitzuteilen. Man findet sie im Schneekopfgebiet an den Nord- und Osthängen in Gesteinsschichten des Rotliegenden. Es sind Kristalldrusen in walnuß- bis futterrübengroßen Steinkugeln, die durch das Herauslösen aus dem Gesteinsverband bereits halbiert oder geviertelt wurden, so daß ihr Inneres sichtbar wird. Dies besteht aus Rauchquarz, Amethyst und verschiedensten Achatvarietäten.

Von der Schmücke aus folgt unsere Route dem Rennsteig nach Westen, nach ca. 1 km ist der Jägerstein erreicht. Der unter Schutz stehende Gedenkstein erinnert an die irrtümliche Erschießung des Gräfenrodaer Försters Valentin Grahner durch seinen Vetter Kaspar Greiner im September 1690. Der Greiner soll den Oheim im Nebel für einen kapitalen Hirsch gehalten haben; was bei dem Vorfall im Dunkel blieb, lieferte den Stoff für eine Sage, die Ludwig Bechstein verarbeitete und die auch Carl Maria von Weber und seinen Textdichter Friedrich Kind angeregt haben soll – zur Waldschluchtszene im „Freischütz". Erwiesen ist es nicht.

Einen weiteren Kilometer später kommt man zum „Adler", einer Wegekreuzung, benannt nach dem Symbol des preußischen Grenzschildes, denn der Schleusinger Kreis gehörte von 1815 bis 1945 zu Preußen. Die folgenden 800 m sollte man mit Bedacht fahren und genießen. „Plänckners Aussicht" wird angesteuert, und in genau 973 m ü. NN erreicht man den höchsten Punkt des Rennsteigs!

Schanze am Rennsteig, Oberhof

Kirchlein in Geldorf

Die Bank und der Gedenkstein des Rennsteigvereins von 1898 erinnern an Julius von Plänckner (1791–1858), Artillerieoffizier in gothaischen Diensten, verdient durch seine Höhenmessungen im Thüringer Wald. Er beging den Rennsteig in seiner ganzen Länge und gab 1830 eine Beschreibung des Höhenpfades heraus. Der Blick von der Bank reicht weit hinunter nach Goldlauter und Suhl.

Der Rennsteig windet sich nun links um den Gipfel des Großen Beerberges und dessen unter Naturschutz stehendes Hochmoor herum. Dem Thüringer Wald fehlen größere Verebnungsflächen, Moore sind hier seltener als in anderen Mittelgebirgen. Das Beerberghochmoor umfaßt eine Fläche von 2,9 ha. Außerhalb des vorgeschriebenen Weges darf das Moor nicht betreten werden.

Vom Plänckner sind es knappe anderthalb Kilometer bis zur Suhler Ausspanne; hier ist ein Parkplatz, die Straße von Oberhof nach Schmiedefeld kreuzt den Rennsteig. Der Paß hieß früher Crawinkler Ausspanne, die alte Suhler Leubenstraße traf hier auf den Rennsteig.

Die vor dem mühsamen Aufstieg in der Umgebung von Suhl zusätzlich ins Geschirr genommenen Pferde wurden auf der Paßhöhe wieder ausgespannt und die von diesen Hilfeleistungen lebenden Fuhrleute kehrten nach Suhl zurück.

An der Ausspanne bietet sich ein Abstecher von 3 – 4 km Länge ins Bechertal an; man erreicht es in westlicher Richtung vorbei am Sommerbachskopf (941 m) über das Sommerbacher Pirschhaus auf breitem Wege ohne größere Niveauunterschiede. Vom Pirschhaus aus führt der Weg ins Bechertal, nach wenigen hundert Metern kommt man zur Hütte des Oberhofer Bergrettungsdienstes. Wer es will, kann das Rad hier stehen lassen und in 20 Minuten zum Bahnhof Oberhof absteigen.

Unmittelbar am Bahnhof beginnt der Brandleitetunnel, der in einer Länge von 3093 m durch das Gebirge führt. Nach der Eröffnung der Werratalbahn im Jahre 1864 konstituierte sich in Schmalkalden ein Konsortium, um den Bau einer Bahn von Wernshausen nach Zella zu betreiben, im gleichen Jahr wurde auch der Bau der Strecke Gotha-Ohrdruf-Zella-Schleusingen erwogen. Nach 1871, als die Industrialisierung in Deutschlang im Zusammenhang mit den französischen Reparationszahlungen einen weiteren Aufschwung nahm, wurden beide Vorhaben wieder aufgegriffen und neu projektiert. Gleichzeitig auf der Oberhofer und auf der Gehlberger Seite erfolgten am 28. Mai 1881 die ersten Spatenstiche für den Tunnel. Die mit harten Porphyrstücken durchsetzten Konglomeratschichten, Wassereinbrüche und mehrere Explosionsunfälle durch „stehengebliebene" Zünder bei den Sprengarbeiten erschwerten das Vorankommen der beiden Tunnelmannschaften ungemein. Am Morgen des 7. Februar 1883 stießen die Gehlberger und die Oberhofer Gruppe zusammen, der Durchbruch des Richtstollens war mit phänomenaler Genauigkeit erfolgt. Die Achsen der beiden Richtstollen differierten in der Höhe um 21 cm, in der Richtung gerade um 2,5 cm! Eine höchst beachtenswerte Leistung der etwa 1500 Arbeiter, Ingenieure und Vermessungstechniker, die mit Glockengeläute von Zella-St. Blasii her und mit Böllerschüssen vom Lerchenberg und vom Märzenberg in Zella gefeiert wurde. Am 1. August 1884 fand die Einweihung des Tunnels statt; unzählige Lampions und die Grubenlichter der Arbeiter erhellten das Dunkel. Der höchste Punkt des Tunnels im Inneren des bezwungenen Brandleitemassivs liegt bei 639 m ü. NN.

Von der Suhler Ausspanne aus gerechnet überquert unsere Route nach ca. 2,2 km auf dem Rennsteig die Brandleite bei dem Höhepunkt 879 m. Nach weiteren ca. 1,3 km wird das Rondell passiert, nach 1,0 km die Zellaer Leube und nach noch einmal der gleichen Distanz langt man am Grenzadler an. Hier kreuzt die durch den Kanzlersgrund nach Steinbach-Hallenberg verlaufende Straße den Rennsteig. Ein preußisches Adlerschild zierte bis 1945 den Grenzstein und erinnerte daran, daß der Schmalkaldische Kreis von 1866 bis 1945 zu Preußen gehörte.

Der Rennsteig verläuft immer noch in einer Höhe zwischen 840 und knapp 900 m, kommt aber allmählich in ein Gebiet, in dem die Fußwanderer seltener werden. Rotwild zieht hier in größeren Rudeln. Kahlschläge gestatten nach links den Blick zum Gebrannten Stein (897 m), zum Ruppberg (866 m) – beide oberhalb von Zella-Mehlis –; zum Großen Inselsberg (916 m), zu den Sprungschanzen und dem Schießstand der Biathleten.

Etwa 4,5 km muß man vom Grenzadler bis zum Donnershauk rechnen, kurz bevor man ihn erreicht, blickt man rechts hinunter in den Kerngrund. Die Talung erstreckt sich rund 5 km bis zur Ohra-Talsperre in nördlicher Richtung.

Mit dem Bau der Sperre wurde 1960 begonnen, im Januar 1967 wurde angestaut. Die Fläche beträgt 88 ha, das Stauvolumen 19,2 Mio m^3. Durch eine 75 km lange Fernleitung werden täglich 120 000 m^3 Trinkwasser vor allem in den Raum Gotha, Erfurt und Weimar abgegeben; insgesamt sichert die Sperre die Wasserversorgung für rund eine Million Menschen. Etwa 1 km vor dem Sperrdamm befinden sich an der Straße

Nr. 247 ein Parkplatz und nicht weit entfernt eine Gaststätte. Von der ganz in der Nähe gelegenen Ruine der *Käfernburg* ist beinahe nichts mehr erhalten; im 14. Jh. noch war sie der Stammsitz eines der mächtigstenn Grafengeschlechter Thüringens.

Der Grenzstein am Anfang des Kerngrundes heißt Gustav-Freytag-Stein, der Schriftsteller benutzte das Gebiet in der Nähe des Donnershauks als Schauplatz in seinem Roman „Die Ahnen". Am *Donnershauk* erreichen wir mit 894 m noch einmal eine respektable Höhe. Zum Blickfeld gehören die Dörfer Ober- und Unterschönau und die Felsgruppe der Hohen Möst (887 m). Der Donnershauk soll dem Gotte Donar geweiht gewesen sein, die Vermutung einer altgermanischen Kultstätte konnte bisher jedoch nicht belegt werden. Am Hang des Porphyrfelsens befindet sich ein größerer Block mit Bearbeitungsspuren, jüngeren Interpretationen zufolge handelt es sich um einen nicht fertiggestellten Mühlstein.

Der Name der Hohen Möst mit ihren zwei herausragenden Einzelfelsen wird über die Folge Asenberg (= Götterberg) zu Masberg – Mosberg – Möst abgeleitet. Bei guter Sicht sind vom Donnershauk aus die Berge der Rhön, der Bleß (865 m) im Werratal bei Sachsenbrunn und die Gleichberge bei Römhild zu sehen.

Nach guten 2 km ist die Schutzhütte am Wachserasen erreicht, der Name soll soviel wie steiler Rasen bedeuten. Kletterfreunde werden hier den Rennsteig auf dem Königsweg in nördlicher Richtung verlassen und die 2 km bis zum Falkenstein zurücklegen. Schon von weitem erkennt man den gewaltigen Felsblock über einem Kranz von Hochwaldfichten, nicht zuletzt dank seiner Farbe – er ist mit einer auffällig gelb leuchtenden Flechte, der Schwefelflechte bewachsen. Der Porphyrriese hat einen enormen Überhang und einen über 20 m tiefen Kamin, der wie eine Schlucht durch den Felsen hindurchführt. Geübte gelangen durch diesen Kamin bis zum Gipfelkreuz. Erstmalig bestieg ein Dietharzer Glasmacher 1852 den Falkenstein; heute sind verschiedene Querungen und Touren mit differenten Schwierigkeitsgraden ausgewiesen. Der Falkenstein ist Naturdenkmal; Schutzhütte und Rettungsstation befinden sich in unmittelbarer Nähe.

Vom Wachserasen geht es über den Punkt Oberlautenberg (854 m) zum Sperrhügel (881 m), die Entfernung vom Donnershauk beträgt knapp 6,5 km.

Der Name des Berges soll sich von einem Greifvogel ableiten; um 1580 hieß der Sperrhügel noch Sperberbuhl. Mit starkem Gefälle geht es durch einen tiefen Hohlweg zur Wiedepfuhlswiese und sogleich wieder ein Stück hinauf auf den kurzen Buckel des Krämerod (765 m).

Durch dichten Fichtenwald führt der Rennsteig von hier – wieder tief eingeschnitten – hinunter zur Neuen Ausspanne (714 m).

Hier befindet sich ein Parkplatz, die 1828 erbaute Chaussee von Schmalkalden nach Tambach-Dietharz überquert den Rennsteig. Eine Straßenverbindung über den Thüringer Wald bestand an dieser Stelle jedoch bereits im 16. Jh. Martin Luther passierte auf ihr den Kamm am 26. Februar 1537 auf seiner Rückreise von der Tagung des Schmalkaldischen Bundes; angeblich genau dort, wo die sog. Diebsbuche beim Grenzstein 57 steht.

Vor uns liegen die letzten knappen 3 km auf dem Rennsteig, über den Nesselberg (747 m) und die Alte Ausspanne erreichen wir die Ebertswiese.

Der markante Punkt ist Etappenort der Rennsteigwanderer, es gibt Wanderhütten, eine Gaststätte, einen Bergsee zum Baden und ganz in der Nähe den größten natürlichen Wasserfall des Thüringer Waldes. Die Spitter, die von ihrer links gelegenen Quelle, dem Goldborn, kommt, kreuzt auf der Ebertswiese den Rennsteig, einen halben Kilometer nordöstlich davon stürzt sie in drei Stufen über eine 20 m hohe Felswand. Auffallende Kulisse der Ebertswiese sind die drei Hühnberge, von denen sie im Westen flankiert wird.

Wir folgen ca. 1,5 km dem markierten Weg zum Vorderen Hühnberg (787 m), wo sich eine Jugendherberge befindet.

Wer einige Tage in der Gegend bleiben möchte, dem sei zugeraten. Zwischen Floh und Seligenthal, Bad Liebenstein und Brotterode bietet sich eine Vielzahl freundlicher Tages- oder Halbtagestouren an, man kann sich ein Stück noch überraschend intakter Natur erschließen, die Ruhe und die wirklich gute Luft genießen. Je nach Belieben pendelt man mit sanftem Gefälle durch verschwiegene Gründe oder labt sich an schweißzehrenden Triumphen auf steilen Anstiegen.

Schmalkalden

Endpunkt unseres Tourenabschnittes ist Schmalkalden, bis dahin sind es noch 10 km. Wir bleiben auf dem Wanderweg, erreichen nach ca. 3 km den östlichen Ortsrand von Floh, fahren nach Westen durch den Ort, bis wir auf die Straße nach Schmalkalden stoßen. Auf ihr sind es noch gute dreieinhalb Kilometer bis in die Stadtmitte bei Schloß Wilhelmsburg.

Malerisch liegt die uralte Stadt im engen Talkessel an der Mündung der Stille in die Schmalkalde, noch 300–350 m hoch. 874 als villa Smalacalta urkundlich zuerst erwähnt, 1227 als Stadt bezeugt, war sie meist in hennebergischem Besitz; seit 1360 zur Hälfte, seit 1583 gänzlich in hessischer Hand. Mit Kurhessen kam Schmalkalden auch 1866 an Preußen. Geschichte von europäischem Rang wurde in der Stadt geschrieben; der hessische Landgraf Philipp der Großmütige, Sachsens Kurfürst Johann der Beständige, die Städte Bremen und Magdeburg, dazu einige norddeutsche Fürsten verabredeten am Silvestertage 1530 ein Bündnis zur Verteidigung des evangelischen Glaubens und gegen Kaiser Karls V. Politik. Am 27. Februar 1531 wurde der Schmalkaldische Bund förmlich abgeschlossen, fünf Jahre später gehörten ihm beinahe alle protestantischen Fürsten und Städte Deutschlands an. Zehnmal tagten die Evangelischen in der Stadt, Luther predigte in der Georgenkirche nicht nur, hier formulierte er auch die „Schmalkaldischen Artikel“, die Bekenntnisschrift des Bundes für das nach Mantua ausgeschriebene Konzil. Schmalkalden ist auch eine Stadt des Eisens und des Stahls, ehemals Zentrum eines Eisenerzbergbaues, der im 14./15. Jh. seine Blüte erreichte. Das in den Gruben bei Trusetal, Asbach, Herges-Auwallenburg, Steinbach und Brotterode geförderte Erz war Grundlage des europaweit gerühmten Schmalkalder Kleineisengewerbes; in der Stadt gab es die Zünfte der Stahl- und Waffenschmiede, der Messer-, Schlösser- und Scherenhersteller. Im Museum Schloß Wilhelmsburg kann man sich die einmaligen Sammlungen von Klingen, Ahlen, Nägeln, Sicheln und Messern, Schlössern und Beschlägen anschauen; sie reichen zurück bis ins 14. Jh.

Eine Umschau in der Stadt gerät zum Gassenbummel, das Rad kann man

Schmalkalden

getrost stehen lassen. Der gesamte Stadtkern, überwiegend aus dem 16. bis 18. Jh., steht mit Schloß Wilhelmsburg unter Denkmalschutz. Das *Schloß* entstand ab 1585 neu, als Vierflügelbau mit Treppentürmen in den Ecken. Wandmalereien im Stile der deutsch-niederländischen Spätrenaissance schmücken Zimmer und Säle.

Die spätgotische *Hallenkirche St. Georg,* eine der schönsten Thüringens, und das 1419 bereits genannte dreigeschossige *Rathaus* stehen am Altmarkt. Hinter der Kirche kann man sich auf die alte, klobige Steinmauer setzen und im Schatten der Bäume die Fachwerkfassaden der Bürgerhäuser und des Küsterhauses studieren. Der Sandsteinbau des Rathauses mit seinem gotischen Staffelgiebel zählt zu den sog. Steinernen Kemenaten; die Rosenapotheke und die Todenwarthsche Kemenate, gleichfalls am Altmarkt, sind zu Bürgerhäusern umgebaute ehemalige Adelssitze.

Über Braugasse und Klostergasse kommt man vom Alt- zum Neumarkt, wo der berühmte Hessenhof steht, ein prächtiger Fachwerkbau von 1551–1555. Spätromanisch sind seine Fundamente, zu ihnen muß man vordringen, d.h. in die sogenannte Trinkstube im Keller. Da blieben die tonnengewölbten Räume erhalten und mit ihnen die Reste eines Freskenzyklus zu Hartmann von Aues Artusroman „Iwein, der Ritter mit dem Löwen". Die Iwein-Fresken stellen das früheste Zeugnis mittelalterlicher Profanmalerei auf deutschem Boden dar; datiert sind sie in die Zeit um 1220–1250.
Im Hessenhof hatten sich 1537 anläßlich des glanzvollen Schmalkaldischen Bundestages die führenden Köpfe der protestantischen Theologie versammelt; hier erarbeitete Luther die Artikel des Bundes.

Wer vom Neumarkt der Weidebrunner Gasse folgt, stößt rechts auf die *Große Kemenate,* einen spätgotischen, viergeschossigen Bau von 1420; ein wenig weiter, im Ortsteil Weidebrunn auf die *Neue Hütte*, eines der bemerkenswertesten klassizistischen Industriebauwerke in Mitteldeutschland. Als Happelshütte wurde der mit Holzkohle befeuerte Hochofen 1835 nach englischem Vorbild errichtet; er erschmolz mehr Roheisen als alle Hütten im Umkreis zuvor. Bis 1923 (!) war der gesamten Hüttenkomplex – dazugehörig ein zweiter Hochofen von 1870 – in Betrieb, heute ist er als Technisches Denkmal unter Schutz gestellt.

Luther, Stengelsches und Liebaugsches Haus sind weitere Fachwerkbürgerhäuser im Stadtkern, den ein beinahe vollständig erhaltener doppelter Mauerring im Westen und Süden umschließt. Die innere Mauer wurde um 1315 begonnen, die äußere im 15. Jh. hinzugefügt. Von den Türmen überlebte der fünfgeschossige Pulverturm von 1320.

Wer Lust hat, sich umzuschauen, wird sehr viel mehr entdecken, als hier mitgeteilt werden kann. Die Stadtuhr von 1467 auf St. Georg zum Beispiel oder fränkische Schnitzarbeit in der ehemaligen Paramentenkammer der Kirche, dem sog. Lutherstübchen. Oder im oberen Treppenhaus des Rathauses den hessischen Löwen, im Flur das phänomenale Panorama Schmalkaldens vom Ende des 16. Jh. als Wandgemälde. Zum Bergbau und zum Eisenerz wenigstens noch so viel: Einige Gruben überlebten und wurden weitergeführt für die Gewinnung von Schwer- und Flußspat. In Trusetal arbeitet eine Großaufbereitungsanlage für Schwer- und Flußspat; die alte Grube Stahlberg wurde zu einem Lehrbetrieb für Azubis umfunktioniert.

Blick auf die Altstadt Schmalkaldens

Im Kurort *Asbach*, 3 km östlich von Schmalkalden, wurde die Grube Finstertal als Schaubergwerk eingerichtet. Im Sommerhalbjahr kann es besichtigt werden; Mineraliensammler können – wie an vielen anderen Stellen in Schmalkaldens Umgebung – schöne Stücke preiswert erwerben.

Wem der Sinn nach einer hundertprozentigen Waldtour ist, dem sei der Abstecher nach Wasungen im Werratal empfohlen. Man fährt vom Bahnhof Schmalkalden-Stillertor auf markiertem Wanderweg zur Gaststätte Henneberger Haus, von da über die Herrenkuppe (523 m), das Wasunger Loch und den Türkenhof zum Steinkopf (509 m).
Von hier aus geht es westwärts durchs Mordtal und Krauses Ruhe hinein nach Wasungen. Die gesamte Strecke beläuft sich auf knapp 12 km, der Weg endet an der Burgruine Maienluft.

Wasungen ist zwar bekannt geworden durch seinen Karneval, aber auch ohne die tollen Tage ist in der alten Fachwerkstadt eine Menge zu erleben und anzuschauen. So das Rat- und das Amtshaus und die ehemaligen Rittersitze Maienhof, Marschalksches Damenstift und Weyenhof. Schöne Bürgerhäuser stehen in der Engelsgasse; die Stadtkirche und der „Pfaffenberg"-Turm lohnen einen Besuch. Der Steinerne Tisch am Oberen Tor erinnert an die Erhebung des Wasunger Zentgerichts 1307 zum freien kaiserlichen Landgericht.

Aus dem Werratal zur Hohen Sonne

– 47 km –

Der Abschied steht bevor, wir haben das letzte Teilstück unserer Rundfahrt durch Thüringen anzubieten. Es werden nur 47 km, und sie bringen uns wieder an den Ausgangspunkt zurück – in die Bannmeile der Wartburg vor Eisenachs Tore. Der Verlauf der Strecke: Schmalkalden, 0,0 km – Bad Salzungen, 22,0 km – Schloß Altenstein/Bad Liebenstein, 33,8 km – Jagdhaus Kissel, 38,8 km – Campingplatz Altenberger See, 44,0 km – Hohe Sonne am Rennsteig, 47,0 km. Wir starten in Schmalkalden am Bahnhof Solbad auf der genau westlich nach Wernshausen führenden Straße und überqueren kurz vor der Werra die Fernverkehrsstraße Nr. 19, die von Meiningen kommt und hinauf gen Eisenach eilt. Das Werratal ist erreicht, auf einer Länge von gut einem Kilometer strömt der Fluß in zwei etwa gleich starken Armen nach Norden, beide werden von der Brücke überspannt. Wir bleiben noch ca. 800 m auf unserer Straße, die rechts vom Bahnhof nach Nordwesten schwenkt und achten darauf, am Ende des Kreisverkehrs die rechtwinklig abbiegende Landstraße nach Breitungen nicht zu verpassen. Sie verläuft in der Werraniederung erst parallel zur Eisenbahn, schneidet die Strecke dann vor dem Flecken Bußhof.

Links beginnen die Auwiesen, rechts der Straße fließt die Werra. Bald blinkt links die Wasserfläche des Breitunger Sees auf, der eigentlich aus zwei Seen besteht, denn der Hinter- und der Vordersee sind durch einen dichten Schilfgürtel getrennt.

Breitungen

Beinahe zu jeder Jahreszeit wird man hier von dem Stimmengewirr einer höchst lebendigen und vielfältigen Vogelwelt begrüßt; die beiden flachen, stark verlandenden Teilseen und die angrenzenden Sumpf- und Wiesenflächen sind Brut-, Nahrungs- und Rastrevier zahlreicher großer und kleiner Arten, unter denen die Sumpf- und Wasservögel dominieren. Das Seebecken entstand durch unterirdische Auslaugung. Gegenwärtig wird die immer noch weiter fortschreitende großflächige Absenkung des Gebietes im Seenbereich durch den Sinkstoffeintrag aus den Werrahochwässern in etwa kompensiert. Jahrzehntelang wurden Schutt und Kraftwerksasche direkt in die Feuchtwiesen und in den Vordersee abgekippt, erst 1957 wurde der Deponiebetrieb eingestellt. Die entstandene Halde ist inzwischen begrünt, der Promenadenweg an der Seeseite zieht alljährlich viele Besucher an. Bis 1979 ließen sich hier 170 (!) Vogelarten nachweisen, 53 von ihnen als Brutvögel. Während der Zugzeiten dienen Seen, Schilf und Wiesen Scharen von Enten, Sägern, Möwen und Seeschwalben, Strandläufern und Schnepfen als Rastplatz.

In Höhe der Untermühle, wo die Truse in die Werra mündet und eine langgestreckte Insel den Fluß wieder für ein Stück teilt, wird der Ortsrand von Breitungen erreicht. Ein Verschnauf in der alten Werrasiedlung sollte nicht ausgeschlagen werden; schon 933 wird sie genannt, auf Burg, Mönchs- und Nonnenkloster gehen die Ortskerne zurück. In Frauenbreitungen, wo wir gerade angekommen sind, lohnt das Rußwurmsche Haus von 1606 einen Blick, der steinerne Unterbau und der

Eingang beeindrucken besonders; das Obergeschoß ist als Fachwerk ausgeführt. Auch die Pfarrkirche mit ihrem romanischen Westturm, den ein beschieferter Fachwerkaufsatz abschließt, und weitere Fachwerkhäuser des 17. und frühen 18. Jh. verdienen Interesse.

Am gegenüberliegenden Werraufer, zu Herrenbreitungen gehörig, trotzen *Schloß und Turm des ehemaligen Mönchsklosters* in idyllischer Abgeschiedenheit erfolgreich allen Aufregungen der Gegenwart. Aus der Gründerzeit des 11. Jh. blieben die 1112 geweihte romanische Klosterbasilika und einige Mauerreste erhalten; die Klausur bauten die Henneberger Grafen zu einem Schloß um, das schlicht, geschlossen und immer noch spätgotisch wirkt. Der Turm erhielt 1642 die heutige Gestalt; man sollte ihn besteigen, nicht wegen der Heimatstube, sondern um den Blick schweifen zu lassen, weit hinab ins Werratal und hinüber zur Rhön.

In die benachbarte barocke *Dorfkirche* muß man nicht unbedingt hineingehen, immerhin fällt auf, daß auch deren Westturm romanischen Ursprungs ist – in Breitungen hatte das Alte eben eine größere Chance als anderswo. Das stellt man auch an der sog. Kapelle an der Farnbachbrücke fest. Der zweigeschossige Fachwerkaufbau im Henneberger Stil stammt aus dem Jahre 1726, über das Alter des Sandstein-Erdgeschosses jedoch streiten sich die Historiker noch immer.

Wir freuen uns, daß wir auf die Straße Nr. 19 nicht angewiesen sind, kehren zurück auf die Frauenberger Seite und legen gemütliche 6,5 km auf der Landstraße zurück, sie bringen uns nach Immelborn. Wald begleitet uns zur Linken, zur Rechten die Eisenbahn und jenseits der Gleise die grüne Werraau nebst einer dichten Folge großer und kleiner Seen und Teiche, die als Anglerparadies gelten. Durch Immelborn fährt man

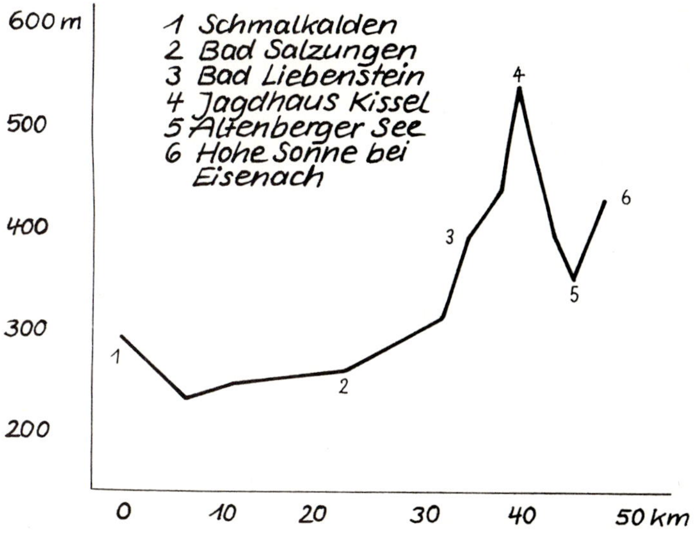

Abschied und letzter Gipfel

hindruch, kommt am Ortsausgang auf die Straße Nr. 62 – noch 4,5 km sind es bis zum Kurhaus in Bad Salzungen.

Bad Salzungen

Stets ist es das Salz gewesen, das die Geschicke der Stadt und ihres Umfeldes bestimmte, in glücklichen wie in weniger glücklichen Tagen. Ein Römer war der erste, der das Terrain aktenkundig machte. Die legendäre „Salzschlacht" zwischen Chatten und Hermunduren, die Tacitus in seiner „Germania" würdigt, soll 58 n. Chr. bei Salzungen stattgefunden haben. Wenn das nichts ist! In einer Schenkung Karls des Großen 775 an das Kloster Hersfeld werden die schon in frühgeschichtlicher Zeit genutzten Solquellen zum ersten Mal schriftlich bezeugt.

Im Mittelalter existierten 11 Pfannstätten, die sich zur Pfännerschaft zusammenschlossen und sich 1449 eine Satzung gaben. Den Pfännern gehörte ein eigener Wohnbereich mit besonderer Rechtspraxis; das Viertel heißt heute Auf den Nappen.

1590 entstand das Gradierwerk; die Kohle verdrängte bald das teurere Holz. Als die Tiefbohrungen im 19. Jh. hochwertige Sole erbrachten, wurden die meisten Gradierhäuser überflüssig. Um 1930 hatte Salzungen gerade an die 7000 Einwohner und 3000 Kurgäste. 1948 wurde es „Volkssolbad", heute ist es medizinische Leiteinrichtung für die kurmäßige Behandlung aller nichttuberkulösen Erkrankungen der Atemwege.

Sehr viel weniger erfreulich erwies sich die maßlose Forcierung der Kaliindustrie für das Städtchen, das nach dem „epochalen" 6. Parteitag der SED zur wichtigsten Wohnstadt für Kaliarbeiter wurde.

Die erwähnten Brände ließen von der historischen Substanz Salzungens wenig übrig; das *Hünische Haus* – auch Hünscher Hof genannt – von 1624 und einige Bürgerhäuser der Renaissance mit Fachwerkoberbau in der Sulzberger Straße und in der Braugasse kann man sich anschauen. Auch die *Husenkirche,* ein einfacher Bau von 1500 in spätgotischen Formen, trotzte dem Feuer. Als Denkmäler geschützt sind die Gradierhäuser von 1796 und 1905, das Badehaus von 1837 und der Solebohrturm von 1868. Das Kurhaus am See ist eine Kreation aus den Gründerjahren der DDR.

Da wir von Bad Salzungen wieder Kurs auf den Thüringer Wald nehmen, sei auf Vacha hingewiesen, jahrzehntelang berüchtigt-unbeliebter „innerdeutscher" Grenzort, von beiden Seiten so gut wie nicht erreichbar. Der Trip – 15,5 km auf der Straße Nr. 62 – lohnt unbedingt, in Vacha gibt es, von der höchst zweifelhaften Grenzort-Nostalgie ganz abgesehen, noch Geschichte zum Anfassen.

Von der um 1260 entstandenen Stadtbefestigung blieb viel schweres Mauerwerk erhalten. Dazu gehören die Rundtürme und der romantisch-trutzige, kastellartige Bau – die „Burg" – mit Turm und Kemenate am Ufer der Werra. Vierzehn Bögen hat die Brücke, die den Fluß überspannt; begonnen wurde sie schon 1342.

Die *Widemark*, ein viergeschossiger Fachwerkbau des füllig-bewegten Stils, von einem Hersfelder Meister 1613 errichtet, ist heute Rathaus. Vor der Widemark trifft man sich am Stadtbrunnen mit der Statue des Hl. Veit von 1613. Die niedrige Mauerumrandung bietet Platz zum Sitzen, und Zeit für einen Schwatz, einen Kaffee oder ein Eis sollte immer sein. Andere Ziele wären die fuldaische Münze und die alte Friedhofskirche.

Die Fahrt nach Vacha ist auch eine

Bad Salzungen

Fahrt durch hundert Jahre deutsches Kaliland. Zu den ersten Mutungen und Bohrungen im Werratal kam es in den achtziger Jahren des vorigen Jahrhunderts. Als man 1893 fündig wurde, gründeten mittelständische Anteilseigner die „Gewerkschaft Kaiseroda“. Die 1910 niedergebrachten Schächte Kaiseroda II und III und die zugehörigen Fabrikanlagen bildeten ab 1924 den Hauptbetrieb der Wintershall AG, die sich in den Jahren der Weimarer Republik als international stärkster Kalikonzern weltweit durchsetzte. Nach Kriegsende kamen die Wintershall-Betriebe in Merkers, Dorndorf und Unterbreizbach in sowjetische Hand, 1952 gingen sie in den Besitz des DDR-Staates über. 1959 entstand das Kalikombinat „Werra“ mit Sitz in Merkers.

Von Bad Salzungen aus fahren wir über die Werrabrücke hinüber nach Kloster Allendorf und weiter nach Witzelroda. Hier biegt man an der Kirche scharf links

Rathaus Bad Salzungen

ab auf die Straße Nr. 19. Nicht ganz zwei Kilometer sind wir auf sie angewiesen; in Gumpelstadt biegen wir – diesmal vor der Kirche – scharf rechts ab, da beginnt der Weiße Weg. Er führt uns direkt bis an den Rand des Thüringer Waldes, nach 4 km erreichen wir ihn am Parkplatz unterhalb von Schloß Altenstein. Hier findet man im Umkreis von wenigen Kilometern so ungefähr alles, was man sich zur Abwechslung und Unterhaltung bei einer Tour wünscht. Zuerst einmal und unübersehbar eine einladende Gaststätte und ein nicht weniger verlockendes idyllisches Sommerbad im Schweinatal, ganz im Grünen. Runde 600 m südlich des Bades und rechts der Straße, die hinein nach *Schweina* führt, ist der *Luthergrund* ausgewiesen. Es ist jener historische Ort, an dem die schweigsamen Mannen des gut funktionierenden Sonderkommandos des weisen sächsischen Kurfürsten am 4. Mai 1521 zuschlugen und Meister Martin verschwinden ließen.

Die länger als drei Jahrhunderte sorgsam gehütete Lutherbuche, an der es exakt geschah, fiel leider 1841 einem schlampigen Blitz zum Opfer – zumindest die Himmelselektrizität gehorcht eigenen Gesetzen. – Wer Lust verspürt, hinauf zum *Altensteiner Schloß* zu steigen – es gehört zum Kurbereich Bad Liebenstein – findet einen so weitläufigen wie entzückendenn Park vor, der um die Wende des 18. zum 19. Jh. angelegt wurde. Das Schloß selbst baute Albin Neumeister 1889 im englischen Renaissancestil für die Familie des Herzogs von Sachsen-Meiningen.

Schweina war eine der vier Stabgemeinden, die ihre gemeinsame Dorfverfassung, die „Stabgerechtigkeit", bis 1897 gegen Gerichts- und Landesherrn behaupteten. *Gumpelstadt, Waldfisch* und *Steinbach* waren die anderen drei Partner der verschworenen Gemeinschaft. Im Schweinaer *Schloß Marienthal* richtete Friedrich Fröbel 1833 das erste deutsche Seminar für Kindergärtnerinnen ein; das Grabmal des Pädagogen,

Bad Liebenstein: Nobelbad

der 1852 starb, befindet sich auf Schweinas Bergfriedhof. Kugel, Walze und Würfel, die Grundelemente des weltbekannt gewordenen Fröbelschen Spielzeugs, wurden in die Gestaltung des Denkmals einbezogen.

Bad Liebenstein

Dies ist längst nicht alles – man kann sich die Altensteiner Höhle, 200 m lang,

mit unterirdischem See im Zechsteinkalk, aber leider ohne Stalaktiten, anschauen, und selbstverständlich kann man sich in Liebenstein umtun, was nicht zuletzt vom Geldbeutel abhängen wird. Thüringens ältestes Bad, von der Natur mit einem warmen Ortsklima und heilkräftigen, kohlensäurehaltigen Eisen-, Mangan- und Arsenquellen ausgestattet, einst Modebad der Goethezeit, seit 1861 Herzbad, avancierte noch vor der Jahrhundertwende zum Nobelbad.

1610 rühmte man zum ersten Mal die Heilkraft des „Fürtrefflichen Casimirianischen Brunnens". Wer sich heute zwischen Kurhaus, Villa Feodora und Fürstenhaus umschaut, wird feststellen, daß die Ära Liebensteins als DDR-Volksbad still und einigermaßen geregelt zu Ende gegangen ist, zumindest die Preise in den Gaststätten verstehen sich fröhlich als Zeichen der neuen Zeit. Wenn Sie in der dritten Juniwoche hier weilen – im Glücksbrunner Park, neben dem Höhleneingang, findet das alljährliche Höhlenfest statt. Für acht Tage bekommt das traditionell konservative Programm der Kurkapelle ernsthafte Konkurrenz.

Die Ruine der Burg Liebenstein, auf dem 465 m hohen Burgberg, einem Zechsteinriff, sucht man im Herbst auf, wenn das Laub der Wälder ringsum seinen Farbenzauber entfaltet.
Übers Werratal schweift der Blick weit in die Rhön.

Wir fahren vom Bad aus auf schönem, allmählich ansteigendem Waldweg durch das Schnepfengründchen und danach durch den Silbergrund knappe 5 km bis zum Jagdhaus Kissel. Es liegt um die 520 m hoch und ist der letzte „Höhepunkt" unserer Tour. Zwei Wanderwege gehen an der Gaststätte ab; der nordöstliche läuft über den Kissel (648 m) und erreicht nach ca. 2 km in Höhe der Höllenwand die Schutzhütte am Rennsteig. Wir folgen dem anderen, der nach 1,3 km in Nordnordwest in Höhe der Kisseleiche links und des Gebrannten Steins (590 m) rechts auf die Forststraße nach Etterwinden stößt. Sie führt genau nach Norden, links vorbei am Krötenkopf (540 m). Man läßt Etterwinden links liegen, behält die Richtung bei und kommt nach kurzer Fahrt über den Mandelrain an der Taubeneller Mühle heraus.

Wenige hundert Meter entfernt befinden sich auf der anderen Seite der Fernverkehrsstraße der Mühlteich, der Altenberger See mit einem Campingplatz für 550 Personen und einem Bad. Wer im Sommer bei schönem Wetter hier ankommt, vielleicht gar noch an einem Wochenende, wird schnell feststellen, daß der Altenberger See wie das 1,5 km nördlich gelegene Wilhelmsthal beliebte Nahziele der Eisenacher sind.

Das Wilhelmsthaler *Jagd- und Lustschloß*, erbaut von 1699–1719, hat einen

schönen Park, im See kann man schwimmen, Boote werden ausgeliehen. Der Weimarer Großherzog und Goethe kamen gern hierher, öfter auch in die keine 3 km entfernte alte Försterei Atchenbach im Eltegrund. Früher wurde hier Kupfer geschmolzen, die beiden Hüttenteiche und der Name Hüttenborn für die in der Nähe gefaßte Quelle erinnern daran.

Nichts Aufregendes also zwischen *Wilhelmsthal* und *Unkeroda*, da muß man nicht gewesen sein. Warum dann der Verweis? Weil es – zum Abschied – ein Stück des unspektakulären, stillen, ja beschaulichen Thüringens ist. Vor allem, wenn man im späten Herbst hierherkommt, wenn sich das Jahr schon neigt und die Früchte eingetragen sind. Aber Pilze und Brombeeren gibt es immer noch genug, noch weichen die Morgennebel der steigenden Sonne, um Mittag schmückt sich der Äther in der Ferne mit einem Anflug von dunstigem Gold. Die Wartburg ist nah, man wandert, bedeutenden Spuren folgend, durchs Tal und die Hänge hinauf – vielleicht steigt ganz in der Nähe noch der letzte Rauch aus einem sorgfältig gestapelten Meiler.

Wir fahren zur Hohen Sonne, längst ist es Abend geworden, doch keiner mag aufstehen und seinen Platz an den derben Holztischen verlassen.
Trainierte Routiniers rechnen befriedigt die letzten Rennsteigkilometer nach; erschöpfte Anfänger begeistern sich nicht ohne Stöhnen an durchgelaufenen Socken und geplatzten Blasen – die motorisierten Eisenacher Rockfans nehmen es mit Gleichmut hin.
Die Wanderer und die Radler – das sind schon einsame Typen, aber irgendwie muß man sie lassen. Vier Kilometer Luftlinie bis zur Wartburg . . .
An zwei Tischen wird gesungen.
Ich, unverbesserlich, denke an Goethe, den Alten: Auf freiem Fuß mit freiem Volke stehen.
Adieu, Thüringen!